Inhaltsverzeichnis

BVK LA 01 · Gisa Kirstein: Leben und Alltag in der Steinzeit

Vorbemerkungen

Liebe Kolleginnen und Kollegen,

beim Übergang an die weiterführenden Schulen stoßen wir auf neugierige und interessierte Schülerinnen und Schüler, die dem neuen Unterrichtsfach hochmotiviert gegenüberstehen.
Sie werden das erste Mal bewusst mit historischen Ereignissen und resultierenden Veränderungen konfrontiert und sollen schrittweise an das fachbezogene Arbeiten herangeführt werden. Hierzu bietet das Thema „Steinzeit" viele Möglichkeiten, um die Kreativität, den Forscherdrang, den Ideenreichtum und das vorhandene Engagement zu nutzen. Auf dieser Erkenntnis basiert die Konzeption dieses Heftes:

- Zu Beginn werden **fundamentale Begriffe und Arbeitsmethoden** des neuen Unterrichtsfaches eingeführt. Hier können die Schülerinnen und Schüler ihr eigenes Geschichtsbewusstsein bilden.
- Im Zentrum der steinzeitlichen Betrachtung steht der wissenschaftlich belegte Vergleich zwischen **Paläolithikum und Neolithikum.**
- Den Schwerpunkt bildet der Alltag und seine Organisation. Dabei werden **Wandel und Veränderungen** durch den technischen Fortschritt aufgezeigt.
- Außerdem werden die Grundbedürfnisse, das archaische Verhalten der Steinzeitmenschen und ihr Leben in und mit der Natur durch **Transferaufgaben** mit unserer modernen und hochtechnisierten Welt verglichen.
- Ein **Lernspiel** dient zur Vertiefung und Wiederholung des Inhaltes und kann beliebig von den Schülerinnen und Schülern erweitert werden.
- Mögliche **Projekt-Anregungen** zum Thema Steinzeit befinden sich im Schlussteil.
- Spielerisches Wiederholen wird durch die Rätselecke im Schlussteil angeboten.
- Die ansprechenden **Illustrationen** von Yvette Tiefers regen zum Ausmalen an und motivieren die Schülerinnen und Schüler zu einer fantasievollen und kreativen Gestaltung des Heftes.
- Die **Lösungsseite** soll die Vorbereitungszeit reduzieren.

Sie können das Thema „Steinzeit" ausschließlich mit diesem Unterrichtsmaterial bestreiten und gegebenenfalls die Aufgabenteile erweitern oder für Ihre Lerngruppe verändern. Aus Zeitgründen werden Sie auf einzelne Aspekte eventuell verzichten müssen oder diese durch ein Projekt kompensieren.

Ich wünsche Ihnen und Ihren Lerngruppen viel Spaß bei der Arbeit mit diesem Heft!

Gisa Kirstein

Auf den Treppenstufen der Geschichte

INFO:
Geschichte befasst sich mit Ereignissen, die früher (in der Vergangenheit) geschehen sind.

Dabei wird untersucht wo, wann, warum und wie es dazu kommen konnte.
Der Zeitraum der Menschheitsgeschichte beträgt über 2 Millionen Jahre. Um diese lange Zeit übersichtlich zu gestalten unterteilt man sie in Abschnitte.
Die längste Zeitspanne nennt man Vor- oder Frühzeit, es folgt das Altertum (die Antike), das Mittelalter und die Neuzeit, die die Gegenwart einschließt.

Das Leben der Steinzeitmenschen kann man in drei Teile einteilen:
- Altsteinzeit (bis ca. 10.000 v. Chr.)
- Mittlere Steinzeit (bis ca. 3.000 v. Chr.)
- Jungsteinzeit (bis ca. 2.000 v. Chr.)

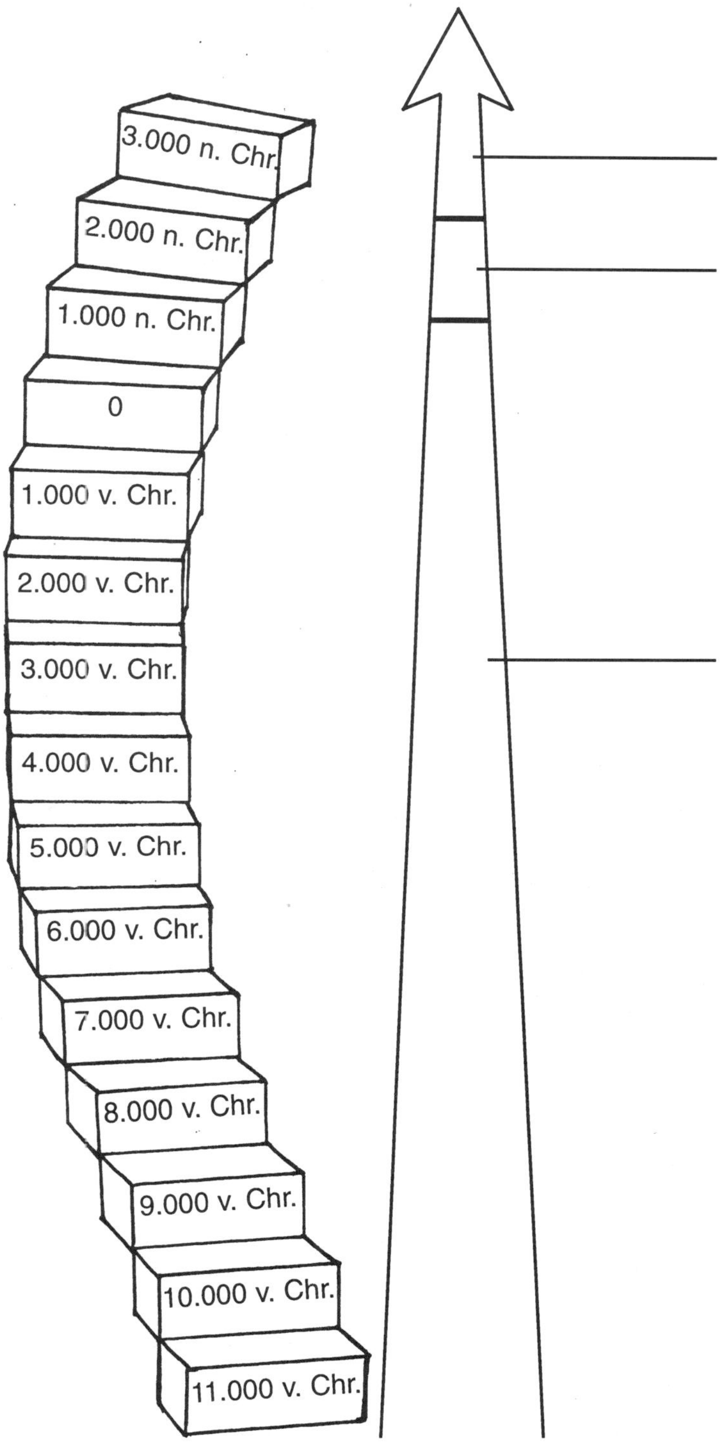

AUFGABEN:
1) Trage an den Pfeil die Begriffe „Vergangenheit", „Gegenwart" und „Zukunft" ein.
2) Male die drei Zeitabschnitte des Pfeiles mit unterschiedlichen Farben aus!
3) Male die Stufen der Steinzeit aus. Benutze Rot für die Altsteinzeit, Blau für die Mittlere Steinzeit und Grün für die Jungsteinzeit.

Der eigenen Geschichte auf der Spur

Jeder Mensch hat seine eigene Geschichte! Auch du kannst schon auf viele Ereignisse aus deinem Leben zurückschauen. Dabei fallen dir sicher Erlebnisse ein, an die du dich gerne erinnerst und auf die du stolz bist (z. B. der letzte Urlaub, ein toller Ausflug, eine Platzierung auf einem Turnier ...). Dagegen gab es andere Momente, die du gerne verdrängst. Vielleicht haben sie dich traurig gestimmt, weil du enttäuscht wurdest oder weil sie peinlich für dich waren (z. B. Streit mit dem besten Freund, schlechte Note in der Schule ...). Einige Ereignisse haben dein Leben deutlich verändert (z. B. Einschulung, Umzug, Ortswechsel ...).

Hier hast du die Chance wie ein Geschichtsforscher zu arbeiten.
Du brauchst dazu Erinnerungen, die du aus deinem Tagebuch, deinem Fotoalbum und deinem Gedächtnis entnimmst.
Erstelle deine eigene Geschichtsseite nach dem unten angegebenen Muster. Arbeite dabei chronologisch (notiere zuerst das Ereignis, das zeitlich am weitesten weg ist).
Trage ein:
DATUM (wann ist es passiert?)
EREIGNIS (was ist passiert?) Hier kannst du auch ein passendes Foto einkleben!
ERINNERUNG (wie und was ist passiert?)
WERTUNG (wie hast du dich dabei gefühlt?) Du kannst die Bewertungszeichen nutzen oder dir eigene ausdenken.

Gut 

Schlecht 

Mittelmäßig 

Keine Erinnerung (?)

DATUM	EREIGNIS	ERINNERUNG	WERTUNG
10. Januar 1990	Geburt	Krankenhaus Mönchengladbach, per Kaiserschnitt	(?)
01. August 1997	Einschulung	Klasse 1 b der Grundschule ... Meine Eltern, Paten und Großeltern sind gekommen ... . Nachher waren wir in einem feinen Restaurant essen ...	
10. Januar 1998	Geburtstag (8 Jahre alt)	Ich hatte meine Freunde zum Spielen eingeladen ... . Papa hat für uns alle wie ein echter Magier gezaubert.	
03. März 2000	Streit mit Udo	Udo hat mir meinen Ranzen mit Kreide beschmiert ... . Er spielt jetzt mit den anderen ... . Ich habe ihm nichts getan ... . Jetzt rede ich nicht mehr mit ihm.	

BVK LA 01 • Gisa Kirstein: Leben und Alltag in der Steinzeit

Wir gehen der Geschichte auf den Grund

INFO:
Das Wort „Archäologie" stammt aus der griechischen Sprache. „Archaia" bedeutet Dinge der Vergangenheit und der Begriff „logos" Lehre oder Wissenschaft. Archäologie bedeutet also Wissenschaft von der Vergangenheit.

Wenn du heute von der Schule nach Hause gehst und deinen Schulweg genau betrachtest, dann wirst du durch deine Geschichte wandern. Einige der Häuser, Geschäfte, Wege und Fahrzeuge begegnen dir täglich. Selbstverständlich nimmst du ihr Dasein hin. Das, was du heute vorfindest, gab es nicht immer. Schon deine Eltern kannten in ihrer Jugend nicht alles, was du kennst und siehst. Das Leben der Menschen hat sich verändert und gleichzeitig auch ihre Umgebung.
Zu Beginn der Menschheitsgeschichte gab es keine Fernseher, Radios, Computer, Autos, Flugzeuge, kein elektrisches Licht, Gas, Straßen, Kirchen, Schulen, Fabriken, Eisenbahnen, Zeitungen, Bücher ... . All dies musste erst geschaffen werden. Die Urmenschen kannten weder Kleidung, Töpfe, Waffen, Werkzeuge, Saatkorn noch Haustiere. Sie lebten von dem, was ihnen die Natur gab.
Woher wissen wir, wie sie früher lebten? Fragen können wir sie nicht! Niedergeschrieben haben sie es auch nicht! Wir haben nur die Möglichkeit uns in ihr Leben hineinzudenken, wenn wir die Fundstücke aus ihrer Zeit nehmen und uns ihren Umgang damit vorstellen! Wir stellen ihr Leben nach, wir rekonstruieren es durch Ausgrabungsfunde. Diese wissenschaftliche Arbeit verrichten heute die Archäologen. Das Bild oben zeigt den Arbeitsplan eines Archäologen.

AUFGABEN:
1) Erkläre die Begriffe „Archäologie" und „Archäologe".
2) Woher kommen unsere Erkenntnisse über das Leben der Steinzeitmenschen?
3) Informiere dich über Ausgrabungsstätten in deiner Umgebung. Aus welchem Material sind die Funde, aus welcher Zeit stammen sie, wie lebten die Menschen damals ...?
4) Informiere dich über den Wandel deiner Umgebung. Frage deine Eltern, Großeltern, frage im Archiv, im Heimatmuseum ... . Welche Gebäude, technischen Geräte, Verkehrswege, Einrichtungen ... gab es früher nicht? Notiere zu den Informationen die Jahresangaben und belege sie (wenn möglich) mit einem Foto von damals. Du kannst auch eine Collage anfertigen.

Wir forschen wie echte Archäologen

1

2

3

4

INFO:
Die Archäologen suchen im Erdboden nach Spuren der Vergangenheit und führen deshalb Ausgrabungen durch. Sie graben vorsichtig in die Tiefe und notieren den Fundort genau. Durch Zeichnen, Fotografieren und Messen bestimmen sie genau, wo ein Fundstück gelegen hat und was sich in seiner Umgebung befand. Dabei dürfen sie nichts zerstören, deshalb gehören Spaten, Spachtel und Pinsel zu ihren Werkzeugen.

Dann beginnt die weitere Untersuchung des Fundstückes:
1. Beschreibung (Material, Form, Besonderheit)
2. Funktion (Wie wurde es hergestellt?/ Wie könnte man den Gegenstand benennen?)
3. Umgang (Wie und wozu benutzte man es?)

Untersuchung	Beschreibung	Funktion	Umgang
Fundstück 1			
Fundstück 2			
Fundstück 3			
Fundstück 4			

AUFGABE:
Oben findest du vier Funde aus der Steinzeit. Untersuche sie wie ein Archäologe und notiere deine Vermutungen in die Spalten! Achtung: Überlege genau aus welchem Material die Funde sein könnten. Beachte, dass es Material gibt, das mit der Zeit zerfällt!

BVK LA 01 · Gisa Kirstein: Leben und Alltag in der Steinzeit

Die Tiere der Steinzeit

INFO:
In Europa änderte sich das Klima mehrmals. Mehrere Eiszeiten gab es in der langen Zeit bis vor 10 000 Jahren. In dieser Zeit schneite es in Nordeuropa auch im Sommer. Von Jahr zu Jahr wuchs die Schneedecke. Unter dem Druck der Schneemassen entstand eine bis zu 3.000 m dicke Eisdecke (ungefähr so hoch wie der höchste Berg Deutschlands, die Zugspitze) über Nordeuropa. Der Gletscherrand reichte bis nach Norddeutschland. Während der Kaltzeit war die Durchschnittstemperatur ungefähr 10°C niedriger als heute. Die Phasen zwischen den Kaltzeiten nennt man Warmzeiten, hier stiegen die Temperaturen wieder an und die Eismassen schmolzen allmählich. Der Übergang von einer Kaltzeit zur Warmzeit dauerte mehrere 100 Jahre.
In den Kaltzeiten war Norddeutschland bis zum Rand des Berglandes eine Tundrenlandschaft. Dieses Klima war der Lebensraum für Mammut, Wollnashorn und Höhlenbär. Aber auch Hirsche, Steinböcke, Wölfe ... lebten in diesem Klima. Während der wärmeren Zeit, als sich der Nadelwald durchsetzte, stieß man nun auch auf Wildpferd, Bison und Ren. Um 10.000 v. Chr. setzte sich ein mild-feuchtes Klima durch (ähnlich wie heute), nun breitete sich allmählich ein dichter Mischwald aus. Hirsche, Wildschweine und Auerochsen bevölkerten das Land.

AUFGABEN:
1) Schreibe unter die Bilder die Namen der Tiere. Der Text hilft dir.
2) Suche dir ein abgebildetes Tier aus und bereite einen Vortrag vor. Stelle eine Liste zusammen über: Größe, Gewicht, äußere Erscheinung, Nahrung, besonderes Verhalten, Lebensraum ... . Benutze dafür Lexika der Bibliothek.

BVK LA 01 · Gisa Kirstein: Leben und Alltag in der Steinzeit

Wohnen in der Steinzeithöhle

INFO:
Um 10.000 v. Chr. war es in Europa sehr kalt. Nordeuropa war mit Eismassen bedeckt, die bis zu 3 Meter dick sein konnten. In Südeuropa dagegen gab es angenehmere Temperaturen. Das eisfreie Mitteleuropa muss wenig bewachsen ausgesehen haben. Die dortige Durchschnittstemperatur lag bei 0°C. Temperaturen von -40 °C waren damals keine Seltenheit. Die Landschaft war sehr karg. Es gab weder Sträucher noch Bäume. Man fand nur Gräser, Moose und Flechten. Diese Landschaft nennt man Tundra und findet sie auch heute noch in Grönland, Sibirien oder Alaska.

Die Menschen der Altsteinzeit hatten keine festen Wohnplätze. Sie zogen den Wildtieren hinterher. Diese Lebensweise ist typisch für Nomaden. Nur selten fanden sie Lagerplätze wie Höhlen oder Felsvorsprünge. Die dunklen Höhlen boten Schutz vor wilden Tieren, außerdem führten die Höhlen das ganze Jahr über gleichbleibende Temperaturen. Nebenbei bot sie ausreichenden Platz für alle Mitglieder der Horde (= stammt vom tatarischen Wort für Lager; es handelt sich um eine Lagergemeinschaft, dazu gehörten eine oder mehrere Familien, die sich zur Jagd zusammenschlossen). Allerdings war man durch die Höhle an einen Ort gebunden und einer Überflutungsgefahr ausgesetzt. Aber auch die schlechte Möglichkeit des Rauchabzuges ist ein Nachteil dieser Art der Behausung gewesen.

AUFGABEN:

1) Erkläre den Begriff „Nomaden"!
2) Betrachte das Bild und notiere deine Vermutungen über das Leben der Steinzeit. (Was aßen sie? Aus welchem Material war die Kleidung? Wie wohnten sie? Was taten sie tagsüber? ...)
3) Du bist ein Geschichtsforscher und willst deinem Freund Hans die Erkenntnisse über das Leben der Altsteinzeit mitteilen. Schreibe ihm eine e-mail, nutze dazu deine Notizen aus Aufgabe 2. Du könntest so beginnen: „Hallo Hans, hier sind meine Ideen über das Leben in der Altsteinzeit. Die Menschen lebten zu einer Zeit als die Temperatur ungefähr bei ..... sie wohnten ... und trugen ... ". (Achte auf die Briefform!)

Die Steinzeitmenschen erfinden das Campen

INFO:
Die Menschen der Altsteinzeit mussten sich den Gewohnheiten der Tiere anpassen und zogen ihnen hinterher. Beim Streifen über die Tundra und die weite ebene Steppe fanden sie weder Höhle noch Felsvorsprünge (vgl. S. 8). Die Jäger errichteten für sich kleine Unterschlüpfe, indem sie ein flaches, rundes Loch gruben oder sich eine Kuhle suchten. Dann steckten sie Zweige ringsherum und flochten das Geäst dicht mit Blattwerk zu. So hatten sie einen Windschutz errichtet. Später bauten sie aus Ästen ein Dach, somit hatten sie Laubhütten erstellt. Allerdings boten die Hütten aus Schilf, Blattwerk und Holz wenig Schutz vor Kälte, Wind und Nässe.
Man verbesserte die Behausung, indem man leicht auf- und abbaubare Zelte konstruierte. Zunächst stellte man lange Holzstangen kegelförmig zusammen, dann bedeckte man diese mit zusammengenähten Häuten, die am Boden mit Steinen beschwert wurden. Diese regen- und winddichte Behausung war allerdings schwer zu transportieren, da die Felle über 10 kg wiegen konnten.

AUFGABE:
Vergleiche die unterschiedlichen Wohnplätze der Menschen in der Altsteinzeit. Fertige eine Tabelle nach dem aufgeführten Muster an. Benutze auch die Seite 8.

	Höhle	Laubhütte	Fellzelt
Vorteile			
Nachteile			

Erfindung der ersten Werkzeuge

Die ersten Werkzeuge der Menschen waren ihre Arme und Beine. Schon bald wollte man die Wirkung steigern. Man nutzte die vorhandenen Gegenstände wie z. B. einen Ast. Durch den Ast wurde die Reichweite des Armes verlängert. Aber auch herumliegende Steine wurden genutzt. Ein Schlag mit einem Stein war härter als ein Faustschlag.

Dem Erfindergeist waren keine Grenzen gesetzt. Man bearbeitete den Stein (oft Feuerstein) um damit Material wie Holz, Knochen, Tiersehnen und Fleisch zu zerschneiden. Die Steinschläger stellten in der frühesten Zeit durch Abschlagen der Seiten ein flaches, birnenförmiges Gerät mit 10 – 15 cm langen, scharfen Kanten her – den Faustkeil.

AUFGABEN:

1) Warum waren die Menschen auf Werkzeuge angewiesen?
2) Erkläre die Herstellung eines Faustkeiles.
3) Überlege, warum wir diesen Abschnitt der Menschheitsgeschichte „Steinzeit" nennen.
4) Welche „Werkzeuge" benutzt du täglich? (Informiere dich über die Herstellung.)

BVK LA 01 · Gisa Kirstein: Leben und Alltag in der Steinzeit

Die ersten Spezialwerkzeuge entstehen

Zur Herstellung des Faustkeiles benutzte man überwiegend den Feuerstein, der in der Natur in Form von Platten oder Knollen vorkommt und unterschiedliche Färbungen haben kann (weißgelb, hellgrau, gelbbraun oder schwarzbraun). Feuerstein ist besonders hart, lässt sich aber trotzdem gut spalten und bearbeiten. Je nach Herkunft nennt man ihn Flint, Silex oder Hornstein.
Der universal einsetzbare Faustkeil wird allmählich durch Spezialwerkzeuge ersetzt. Aus den Abschlägen (Splittern) werden zunächst Werkzeuge wie Messer und Schaber hergestellt.
Das Messer besitzt mehrere längliche Abschläge. Der Schaber dagegen hat eine scharfe Längskante, die durch Feinbearbeitung (= Retuschieren) stabilisiert wird.
Bald darauf entdeckt der Mensch die Wirkung verschiedener Schlaginstrumente (= Hammer) wie Stein, Rentiergeweih ... . Er benutzt sie um gezielte Abschläge zu tätigen. Mit harten Schlaginstrumenten (z. B. einem Stein) kann man große Abschläge von der Knolle spalten. Weiche Schlaginstrumente (z. B. ein Geweih) dienen zum feineren und genaueren Bearbeiten.

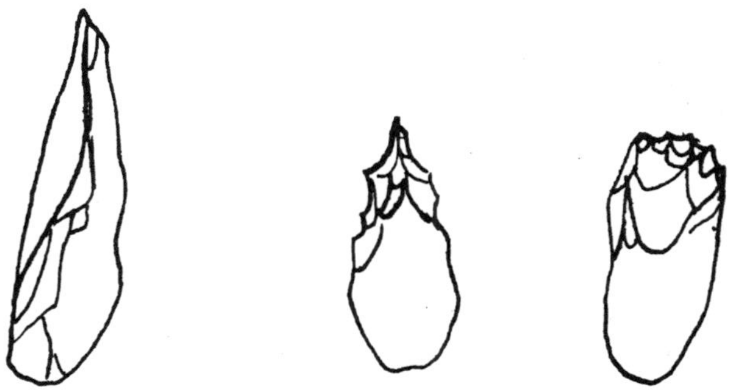

Messer **Bohrer** **Kratzer**

Schaber **Faustkeil** **Stichel**

AUFGABEN:
1) Betrachte die Werkzeuge und beschreibe ihre Kanten!
2) Nenne die Unterschiede der Herstellung!
3) Wie und wozu konnte man die unterschiedlichen Werkzeuge benutzen?

BVK LA 01 · Gisa Kirstein: Leben und Alltag in der Steinzeit

Werkzeuge aus Knochen

Neben Holz und Stein benutzte man auch Tierknochen um Werkzeuge herzustellen. Mit Hilfe eines Stichels werden zwei Rillen in einen Langknochen eingeschnitten und eingetieft bis sich ein Span löst. Dieser wird mit einem Stichel überarbeitet und anschließend mit einem Bohrer durchlocht. Aus dem Span ist somit eine Nadel mit Öhr geworden. Die Frauen nähten damit die Zeltdächer aus Tierhäuten zusammen und erstellten die Kleidung für die Horde.

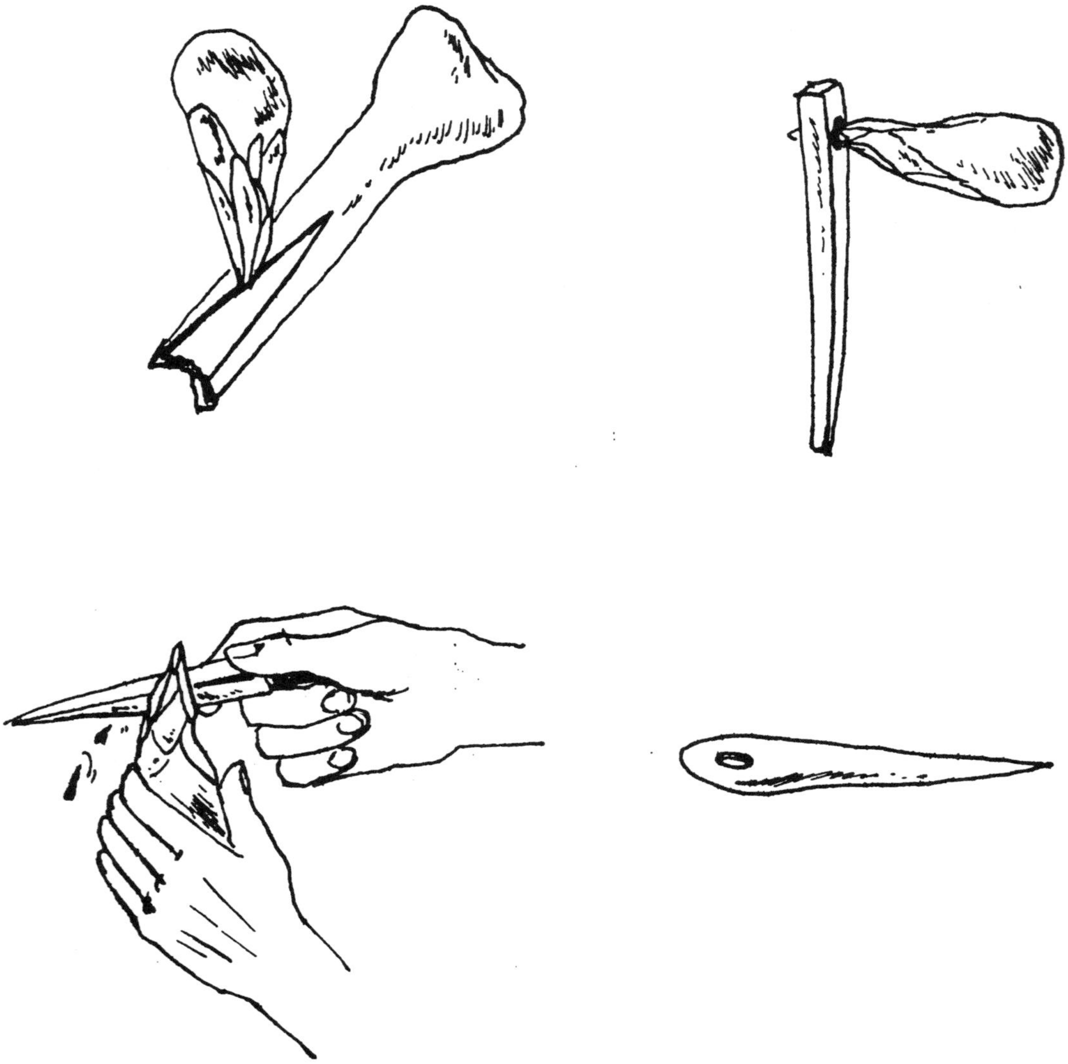

AUFGABEN:
1) Erkläre die Herstellung einer Steinzeitnadel.
2) Warum war die Nadel damals so wichtig?
3) Wie stellt man heute Nadeln her? Informiere dich!

BVK LA 01 · Gisa Kirstein: Leben und Alltag in der Steinzeit

Aus einem Geweih werden Waffen

INFO:
Außer Holz, Stein und Tierknochen nutzte der Steinzeitmensch auch das Tiergeweih, um Waffen daraus herzustellen. Rentiere werfen jedes Jahr ihr Geweih ab. Diese Abwurfstangen nahmen die Menschen und legten sie längere Zeit in Wasser, so wurden sie weich und ließen sich einfacher bearbeiten. Mit einem Stichel drang man in das Geweih ein und entnahm anschließend den Span dazwischen. Aus dem geraden Span stellte man eine Speerspitze her. Für eine Harpune schnitt man einzelne Zacken wie Widerhaken aus. Dann steckte man das dickere Ende in das ausgewölbte Ende eines Wurfschaftes. Mit einem langen, schmalen Riemen befestigte man den Fuß der Spitze mit dem Wurfschaft. Die Spitze steckte lose im Schaftloch und wurde beim Wurf durch den Riemen gehalten.

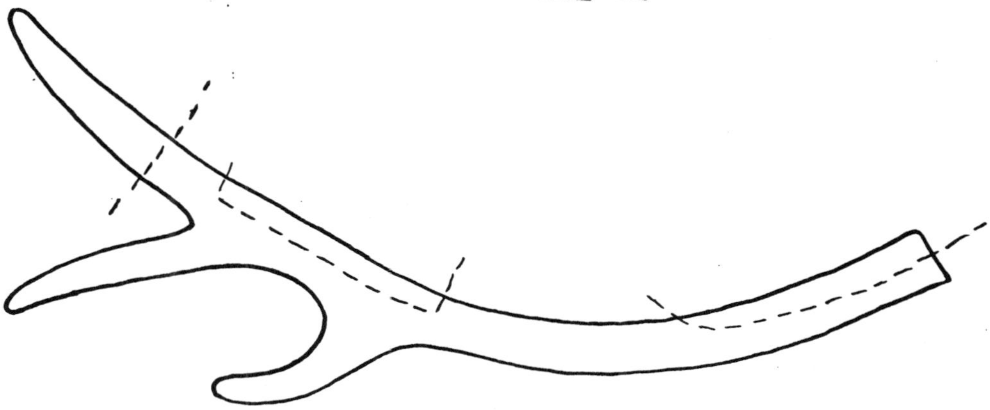

AUFGABEN:

1) Erkläre die Verwendung der Geweihe.
2) Wozu benutzte man Speere und Harpunen?
3) Was machen heutige Jäger mit dem Geweih eines erlegten Tieres?

Die Menschen der Steinzeit stellen Pfeil und Bogen her

INFO:
Die Jäger benötigten für die Jagd im Wald geeignete Waffen. Dafür präparierten sie ihre Pfeile um erfolgreicher zu sein. Sie spalteten kleine Lamellen von kleinen Kernsteinen ab, zerbrachen die Lamellen und retuschierten (unter Druckausübung auf die Kante bearbeiten) das Lamellenstückchen zu Formen wie Dreiecke und Trapeze. Diese Mikrolithen wurden als Einsätze in Holzschäfte verwendet und mit Harz befestigt.
Eine weitere Pfeilherstellung war auch aus dem Geweih der Rentiere möglich. Um die sorgfältig angefertigte Spitze am Holzschaft zu befestigen, wurde die Verbindung mit eingeweichten Vogeldärmen umwickelt, die sich beim Trocknen zusammenzogen und somit die Spitze festhielten.
Die Sehne des Bogens bestand aus getrockneten und gedrehten Rentierdärmen.
Einen besonderen Schutz vor Feuchtigkeit bot das Einreiben mit Fett.

AUFGABEN:
1) Nenne die Arten der Pfeilherstellung.
2) Welche Vorteile hatte der Pfeil gegenüber dem Speer?
3) Gibt es auch heute noch Menschen, die Pfeil und Bogen zur Jagd benötigen? Informiere dich in der Bibliothek!

BVK LA 01 · Gisa Kirstein: Leben und Alltag in der Steinzeit

Die Fallensteller der Altsteinzeit

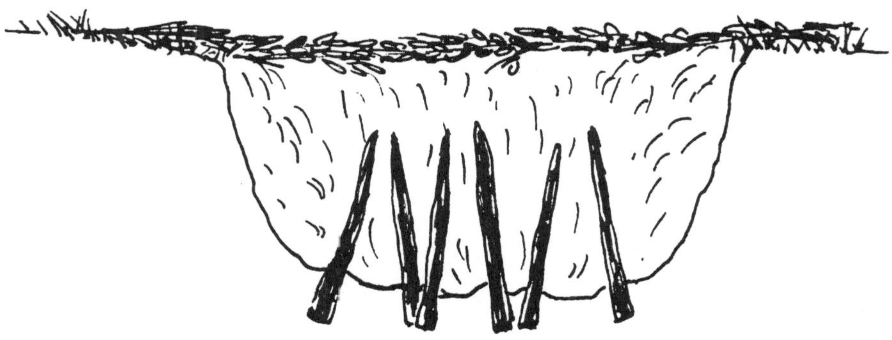

„Es war kurz vor Wintereinbruch. Wir hatten nur noch wenig zu essen. Tan, unser Sippenältester, schickte seine kräftigsten und routiniertesten Jäger zum Fallenbau. Wir hatten beobachtet, dass eine Herde Mammuts regelmäßig das Wasserloch im Tal als Tränke benutzte. Der schmalste Zugang, der rechts und links durch hohe Berge begrenzt war und wo uns die Tiere nur schwer ausbrechen konnten, schien uns am geeignetsten.
Der Boden war bereits leicht gefroren und ein eisiger Wind erschwerte außerdem die Arbeit. Mit den Händen, Steinen, Ästen und mit Geweihschaufeln wühlten wir die Erde auf. Tagelang dauerte es, bis wir ein Loch ausgehoben hatten, aus dem wir nicht mehr herausgucken konnten. Die Arbeit machte uns hungrig und müde. Wir hofften für alle, dass sich die ganze Mühe lohnte. Nun musste die Falle präpariert werden. Zunächst besorgten einige aus dem Wald Bäume, die sie angespitzt mit der Spitze nach oben zeigend in die Grube hineinrammten. Sollte ein Tier in die Falle tappen, so wünschten wir ihm einen schnellen und schmerzfreien Tod.
Anschließend flochten wir aus Zweigen eine Art Decke, mit der wir die Grube bedeckten. Nun benötigten wir viel Glück!
Mehrere Tage blieb die Falle leer und auch unser Vorrat war fast aufgebraucht. Die Mammuts hatten schon lange die Wassertränke gemieden. Hatten sie etwas gewittert? Wir beschlossen, die Tiere gezielt auf die Falle zu hetzen. Alle Jäger bewaffneten sich mit Speeren, Pfeil und Bogen und einige nahmen sogar Feuer mit.
Wir umzingelten die Herde. Als sie zur Tränke wollten, versperrten wir den Mammuts den Weg. Sie konnten nur den schmalen Zugang nehmen, doch den mieden sie gezielt. Nach tagelanger Beobachtung gelang es uns einen Teil der Herde in die Enge zu treiben. Schreiend, wild fuchtelnd und mit dem Feuer hantierend gelang es uns sie in den Zugang zu hetzen. Unruhig brüllten sie nach dem Rest der Herde. Dicht gedrängt rannten sie auf die Falle zu. Einige stoppten aufgeregt schnaubend ab, andere sprangen mit einem mächtigen Satz über die Grube. Dabei unterschätzte ein älteres Mammut seine Kraft und fiel direkt auf einen der angespitzten Bäume in der Falle.
Wir signalisierten den anderen Jägern durch ein Freudengebrüll den Erfolg. Das Tier zuckte und strampelte noch heftig. Mutig rammte ein erfahrener Jäger dem verletzten Tier seinen Speer ins Herz. Kurz darauf starb es."

AUFGABEN:

1) Zeichne einen Comic von der Jagdgeschichte. Jeder Absatz sollte ein Bild hervorbringen! Füge den Bildern Sprech- und Gedankenblasen hinzu!
2) Warum war das tote Tier für die Horde ein Grund zum Feiern?
3) Was geschah nach der erfolgreichen Jagd? Wie kehrten die Jäger heim? Zeichne weiter!

BVK LA 01 · Gisa Kirstein: Leben und Alltag in der Steinzeit

Die Bisonjagd beginnt

„Endlich war mein Tag gekommen. Heute sollte ich mit den Männern auf die Jagd gehen. Voller Ungeduld wartete ich auf unseren Aufbruch. Ich durfte noch nicht bei der Jagdbesprechung anwesend sein. Die Jäger versammelten sich in der Höhle und erhielten ihre Anweisungen. Endlich kamen sie mit ihren Waffen heraus. Auch ich hatte Speer, Pfeil und Bogen erstellt. Ich durfte alles beobachten, mich aber nicht von der Horde (= Jagdgemeinschaft) entfernen und, was ganz wichtig war, ich musste mich ganz ruhig verhalten. Jeder kleine Piep konnte die Tiere erschrecken und sie in die Flucht schlagen. Mein Onkel Ivo passte auf mich auf, ich sollte dicht hinter ihm gehen. Wir waren gerade am Waldrand angelangt, da wurde ich das erste Mal flüsternd ermahnt: 'Pass' doch auf, wo du hintrittst. Mit deinen stampfenden Schritten verscheuchst du uns die Tiere. Du musst schweben wie eine Feder, hier im Wald!'. Das war gar nicht so einfach bei all den Ästen und Zweigen, die auf dem Boden lagen. Kurz darauf gaben die anderen ein Signal mit der Hand. Fragend schaute ich Ivo an. 'Du musst gut beobachten und die Fährte erspähen. Ulo hat Fußspuren gefunden und untersucht sie.' Ulo rieb den Boden zwischen den Fingern und roch daran. Es schien noch eine frische Spur zu sein, denn er nickte den anderen zu. Nun verteilten sich die Jäger im Wald, sie vermuteten Tiere hinter der nächsten Lichtung. 'Es müssen Bisons sein, das hat Ulo an den Spuren erkannt. Wir müssen uns nun so verteilen, dass sie uns nicht wittern. Also was müssen wir tun?', prüfte mich mein Onkel. 'Wir müssen sie umzingeln und vorher die Windrichtung bestimmen. Stehen wir mit dem Wind, so können sie uns (die Gefahr) riechen und fliehen.' Gebückt schlichen wir uns vor. Nun warteten wir geduldig und beobachteten die Bisons. Einige lagen im Gras, andere standen und fraßen. Sie bemerkten uns nicht. Ein Bisonbulle schien verletzt zu sein, er zog beim Gehen das linke Hinterbein etwas nach ..."

AUFGABEN:

1) Zeichne ein Bild zu einer Jagdszene in den Kasten und überlege dir eine passende Überschrift dazu.
2) Erstelle Jagdregeln und begründe sie!
Ein Jäger muss ..., damit die Tiere ... .

BVK LA 01 · Gisa Kirstein: Leben und Alltag in der Steinzeit

Der Kampf mit dem Bisonbullen

INFO:
Ein Bison konnte eine Schulterhöhe von 1,7 - 1,9 Metern aufweisen und konnte zwischen 800 - 1000 kg wiegen. Das Auffälligste am Bison war sein Kopf und seine mächtige Körpervorderpartie. Das Hinterteil dagegen sah wesentlich schwächer aus. Das Kopffell war dicht und kraus, es konnte dunkler sein als das übrige Deckhaar. Am Kinn hing vor allem bei alten Stieren ein mächtiger Bart. Bisons waren Weidegänger, die sich vorwiegend von Gräsern und Steppenkräuter ernährten. Im Winter gehörten auch Moose und Flechten zu ihrer Nahrung. Der Bison war sehr flink und wendig.

„Ich tippte Ivo an und wies kopfnickend zu dem verletzten Bison rüber. Anscheinend hatten sich die Jäger diesen Bullen als Opfer ausgesucht. Sie setzten sich in Position, nahmen Pfeil und Bogen und warteten den richtigen Moment ab. Dann ging alles ganz schnell. Wie auf Kommando feuerten sie ihre Pfeile dem Tier in die Seite. Brüllend schreckte die Herde auf und rannte in den Wald hinein. Nun mussten wir ihnen schnell folgen, jetzt knackte das Unterholz getreten von Tierhufen und Männerfüßen. Flink durchkämmten die Jäger das Gestrüpp. Ich hatte Mühe ihnen zu folgen. Auf der Flucht hatten noch einige Pfeile das Tier getroffen. Es dämmerte langsam und mir ging auch schon die Puste aus. Ich konnte die Herde nicht mehr sehen. Nur eine riesige Staubwolke ließ ihren Aufenthaltsort erahnen. 'Nun komm schon!', ermahnte mich mein Onkel. Enttäuscht lief ich hinter den Jägern her, es würde doch nichts bringen, unsere Jagd war eben fehlgeschlagen. Langsam machte sich mein Magen bemerkbar. Stundenlang waren wir unterwegs. Erschöpfung machte sich breit, aber ich wollte keine Schwäche zeigen und zwang mich zum Durchhalten. Und da war plötzlich, wie ein Wunder, doch Hoffnung zu spüren. Am Horizont sah man ein Tier liegen, erregt atmend und wild zappelnd. Ja, es war das verletzte Bison. Aber es war noch nicht tot. Die Herde hatte es zurückgelassen. Nun umzingelten die Jäger das Tier. Mit letzter Kraft stellte es sich auf zum Kampf, den Kopf gesenkt und mit scharfem Blick. Es blutete stark, aber es wollte nicht sterben. Ivo streckte den Speer empor. Er wollte den Bullen erlegen. Er wusste, dass der Bulle ihn auch jetzt noch töten konnte. Vorsichtig bewegte sich Ivo auf das Tier zu. Dann zögerte er. Sie standen sich auf wenige Meter Aug' in Aug' gegenüber. Der Bulle scharrte mit den Hufen zum Angriff. Doch blitzschnell sprang Ivo todesmutig nach vorne und rammte dem Tier den Speer mit aller Wucht mitten in das Herz. Dann wich er flink zur Seite. Der Bulle drehte und schlug um sich mit letzter Kraft. Dann fiel er zu Boden, zuckte noch etwas und starb. Die Jäger tanzten freudig um das Tier und feierten meinen Onkel. Was für ein erlebnisreicher und erfolgreicher Tag. Mir war klar, dass ich noch viel lernen musste um auch so ein mutiger und starker Jäger zu werden."

AUFGABEN:

1) Erstelle eine Liste aller Eigenschaften eines guten Jägers.
2) Welche Tiere werden heute gejagt?
3) Welche Waffen benutzen die Jäger heute?
4) Warum wird heute noch gejagt? Essen wir das Fleisch gejagter Tiere?

Nutzung der Jagdbeute

Fell: Schuhe, Kleidung, Lederriemen, Zelte
Stoßzähne: Waffen
Sehnen, Nerven, Därme: Schnüre, Nähgarn
Magen und Darm (aufgeblasen und getrocknet): Behälter
Fleisch: Nahrung
Mageninhalt (im Winter): Gemüse
Tierfett: Farbenherstellung, Brennstoff für Lampen
Knochen: Dolche, Fellschaber, Kämme, Angelhaken

AUFGABEN:

1) Schneide das Bild aus und schreibe die Nutzung an die entsprechenden Körperteile des Mammuts!
2) Informiere dich beim Schlachter/Schlachthof über die Verwendung der Tierteile heute (Was macht man aus Knochen, den Hörnern, dem Fell, der Haut ...?).
3) Informiere dich über den Beruf des Gerbers!

Wie sich der Mensch der Altsteinzeit kleidete

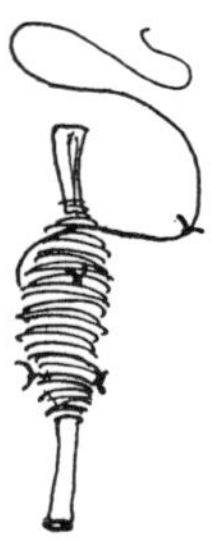

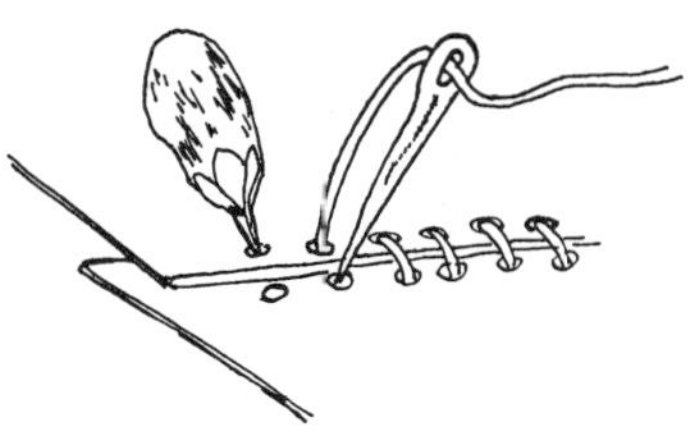

Die Menschen der Altsteinzeit lebten bei einer durchschnittlichen Jahrestemperatur um 0°C. Auf der Zugspitze, Deutschlands höchstem Berg (2.962 m), herrscht eine vergleichbare Temperatur. Temperaturen von – 40°C gab es oft. Deshalb mussten sich die Menschen vor der Kälte schützen. So nutzten sie das Fell der Tiere, um sich Kleidung daraus herzustellen. Die Frauen fertigten aus den Tiersehnen Schnüre, indem sie diese feucht machten oder kauten und dann durch Knoten zu einer Schnur formten. Mit Nadel und Bohrer fügten sie mehrere Felle aneinander.

AUFGABEN:

1) Nummeriere die Bilder nach der Reihenfolge.
2) Beschreibe die Herstellung der Kleidung!
3) Nenne Vor- und Nachteile dieser Kleidung! Vergleiche mit deiner Kleidung.
4) Wie heißen die unterschiedlichen Berufe, die heute benötigt werden um Kleidung zu produzieren?

Die Steinzeitsuppe

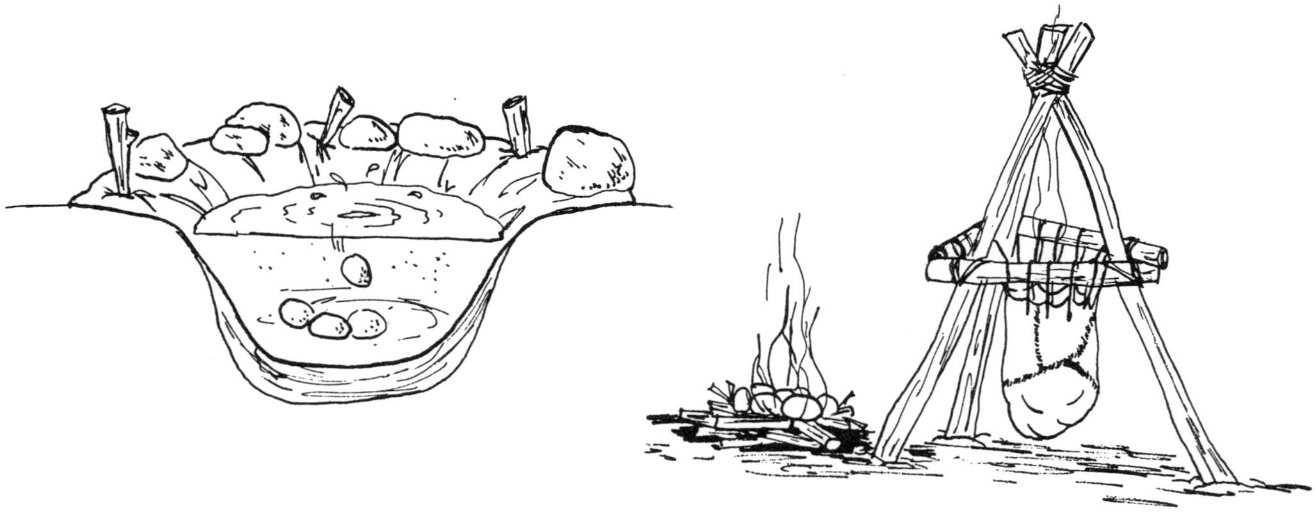

INFO:
Zunächst hob man eine Erdgrube aus, dichtete sie mit Pferdemägen oder Rentierblasen ab und füllte sie dann mit Wasser. Oder aber man füllte das Wasser in einen aufgehängten Lederbeutel. Anschließend gab man in das Wasser Markknochen, Knollen, Wurzeln und Kräuter. Im Feuer wurden Steine erhitzt, die dann in das Wasser gelegt wurden. So wurde durch die heißen Steine das Wasser mit den Gewürzen zum Sieden gebracht.

Für die Nahrungszubereitung waren damals die Frauen zuständig. Doch bevor sie eine Steinzeitsuppe „zaubern" konnten, mussten sie die nötigen Gewürze sammeln. Dazu nahmen sie schon sehr früh die Mädchen mit und lehrten sie die giftigen Pflanzen von den essbaren zu unterscheiden. Oft bot die Suppe die einzige Nahrungsgrundlage, weil – vorwiegend im Winter – das Fleisch knapp war. Deshalb mussten sie die Früchte des Waldes (Knollen, Kastanien, Bucheckern, Honig, Nüsse, Wurzeln, Pilze, Kräuter, Beeren, ...) in ausreichender Menge finden. In den Wintermonaten galten Krankheiten immer als große Gefahr, mangelnde Ernährung und wenig Heilkräuter konnten für einige den frühen Tod bedeuten.
Etwas zuversichtlicher wurde man, als herausgefunden wurde, dass geräuchertes Fleisch haltbar ist. So räucherten die Frauen einen Teil der Jagdbeute vor der Winterzeit und bewahrten es im Boden auf.

AUFGABEN:
1) Erkläre die Herstellung einer Steinzeitsuppe.
2) Welche Vorbereitungen musste man für die Steinzeitsuppe treffen?
3) Welche Zutaten benutzt man heute um eine klare Brühe herzustellen?

Kochen damals und heute

AUFGABEN:

1) Beschreibe die Unterschiede der Kocharten.
2) Nenne Vorteile unserer Küche.
3) Male auf einem Blatt die Küche der Zukunft. Vielleicht gibt es einen Roboter, der kocht.

„Steinzeit – Spiel“

Spielregeln:

Das „Steinzeit-Spiel“ ist ein Würfelspiel für zwei bis sechs Spieler.
Ziel des Spiels ist es, möglichst schnell vom Start in der Altsteinzeithöhle bis zum Ziel in die Hütte der Jungsteinzeit zu gelangen. Dabei sind einige Hindernisse zu überwinden.
Gewonnen hat derjenige Spieler, der als Erster am Ziel ankommt. Dabei benötigt man allerdings die genaue Augenzahl. Hat man zu viel Augen gewürfelt, so bleibt man auf dem Feld stehen und versucht sein Glück in der nächsten Runde!
Jeder Spieler benötigt eine Spielfigur (z. B. einen Kieselstein) und einen Würfel.
Es beginnt der älteste Spieler.

Vor dem Spiel müsst ihr Wissenskarten erstellen. Sie sollten DIN A8 groß sein. Die ersten 30 Fragen und Antworten findet ihr auf der nächsten Seite. Notiert zunächst die Frage und auf derselben Seite auch die passende Antwort. Ihr dürft die Wissenskarten durch eigene Fragen und Antworten zur Steinzeit erweitern.
Kommt ein Spieler auf ein Feld mit dem Buchstaben „W“, so befindet er sich auf einem Wissensfeld und muss eine Frage beantworten. Hierzu nimmt ein anderer Mitspieler die oberste Karte des Stapels und liest die Frage vor. **Bei richtiger Beantwortung darf der Spieler fünf Felder vorrücken. Ist die Antwort falsch oder nur teilweise richtig, so muss er seinen Spielstein drei Felder zurücksetzen.** Die vorgelesene Karte kommt verdeckt als letzte Karte unter den Stapel.

Drei Zeitpfeile können dich am Fortschreiten hindern oder dir dabei behilflich sein. Kommst du auf ein Feld, das ein Pfeilende hat (z. B. Feld Nr. 4), so springst du automatisch auf das Feld, wo die Pfeilspitze hinzeigt (also dann auf das Feld Nr. 27). Landest du aber auf einem Feld, auf das die Pfeilspitze zeigt, so rutschst du ab auf das Feld mit dem Pfeilende (also z. B. von Feld Nr. 66 auf Feld Nr. 48).

Auf dem Spielfeld befinden sich acht „Schicksalsfelder“ mit den Buchstaben A bis H. Kommt ein Spieler auf ein „Schicksalsfeld“, so passieren ihm folgende „Ereignisse“:

A: Der Winter steht vor der Tür und der Vorrat ist knapp. Du musst mit den Männern zur Jagd. **Setze einmal mit dem Würfeln aus.**

B: Der Abend naht. Aber alleine hast du im Dunkeln Angst. **Du darfst dich zu einem Spieler begeben und von dessen Feld aus weitergehen. (Bist du der Führende, so bleibst du auf dem Feld stehen – Pech für dich!)**

C: Jemand hat sein Boot am Ufer angelegt. Du „leihst“ es dir. **Noch einmal würfeln.**

D: Ein Bär hat in der Nacht mit deinen Jagdwaffen gespielt und dabei die Speere zerstört. Du musst zu deinem Schutz neue Waffen herstellen. **Gehe sieben Felder zurück.**

E: Nach einer langen Jagd hast du dich sattgegessen und neue Kraft für den Fußmarsch gesammelt. **Rücke sechs Felder vor.**

F: Du hattest Feuerwache. Vor Müdigkeit bist du eingeschlafen, das Feuer ist erloschen. Du musst neues Feuerholz besorgen. **Gehe zurück in den Wald und starte neu von Feld Nr. 3.**

G: Am Wegesrand entdeckst du leckere Beeren. Du machst Rast. **Setze einmal mit dem Würfeln aus.**

H: Du hilfst einer alten Frau beim Spinnen. Zur Belohnung schenkt sie dir neue warme Kleider. **Du freust dich und „springst“ vor Glück fünf Felder weiter.**

Texte der Wissenskarten

1) Wie nennt man Forscher, die Fundstücke ausgraben und damit die Geschichte rekonstruieren?
2) Erkläre den Begriff „Geschichte"!
3) Nenne die vier Hauptabschnitte der Geschichte.
4) Warum nennt man die Zeit der Urmenschen „Steinzeit"?
5) Durch welche Tätigkeiten ernährten sich die Menschen der Altsteinzeit?
6) Aus welchem Material war die Kleidung der Altsteinzeitmenschen?
7) Wo wohnten die Menschen der Altsteinzeit?
8) Wo wohnten die Menschen der Jungsteinzeit?
9) Nenne zwei Aufgaben der Frauen aus der Jungsteinzeit, die sie in der Altsteinzeit noch nicht kannten.
10) Wie machten die Menschen der Steinzeit Feuer?
11) Feuer spendete nicht nur Wärme, es bot auch Schutz - wovor?
12) Nenne zwei Gegebenheiten, die beim Hausbau in der Jungsteinzeit in unmittelbarer Nähe sein mussten.
13) Welche Teile eines erlegten Tieres konnten die Menschen nutzen? Nenne sechs!
14) Wie nennt man den Stein, den man zum Abschlagen von Ästen benutzte?
15) Mit welchen drei typischen Waffen ging man auf die Großtierjagd?
16) Nenne zwei Werkzeuge der Altsteinzeit.
17) Wie nennt man Menschen, die den Tieren hinterherziehen und ihren Wohnsitz ändern?
18) Wie nennt man die Lager- oder Jagdgemeinschaft der Steinzeit?
19) Welches Gerät benutzten sie zum Fischfang? Aus welchem Teil des Tieres war es?
20) Welche zwei neuen Funktionen erfüllten die Großtiere (z. B. der Auerochse) in der Jungsteinzeit?
21) Nenne einen anderen Ausdruck für „Leben an einem Ort".
22) Welche Erfindung der Jungsteinzeit beschleunigte die Erstellung von Waffen und Werkzeugen?
23) Wie nennt man die Fertigung einzelner Elemente durch verschiedene Personen?
24) Was entsteht durch die Spezialisierung einzelner Tätigkeiten?
25) Nenne das wichtigste Material für den Hausbau.
26) Nenne die vier notwendigen Arbeitsorte für den Hausbau.
27) Nenne mindestens vier Haustiere der Jungsteinzeit und ihren Nutzen für die Menschen.
28) In der Jungsteinzeit ernteten die Menschen mehr als sie zum Leben benötigten. Was erstellten sie zur Lagerung?
29) Wie nennt man die Gräber, die aus großen Steinen gebaut wurden und vorwiegend in Norddeutschland zu finden waren?
30) Wie nennt man die Gräber, die vorwiegend in Süddeutschland zu finden waren?

1) Archäologen
2) Geschichte befasst sich mit den Ereignissen aus der Vergangenheit.
3) Vor- oder Frühgeschichte, Altertum (Antike), Mittelalter, Neuzeit
4) Die Funde aus dieser Zeit sind vorwiegend aus Stein!
5) Jagen und sammeln!
6) Tierfell
7) In Höhlen, unter Felsvorsprüngen, in Zelten
8) In Hütten
9) Spinnen, Weben, Getreideanbau, Getreideernte ...
10) a) Steinschlagen
b) Aneinanderreiben von Hölzern
11) Vor der Kälte und vor wilden Tieren.
12) a) Wald, b) Teich, c) Lehmgrube
13) Zähne, Fell, Fleisch, Geweih, Sehnen, Knochen, Magen, Tierfett
14) Faustkeil
15) Pfeil, Bogen, Speer
16) Faustkeil und Axt
17) Nomaden
18) Horde
19) Harpune aus Tierknochen
20) Man nutzte sie zum Ackerbau und für die Zucht.
21) Sesshaft sein, Sesshaftigkeit
22) Die Steinbohrmaschine
23) Arbeitsteilung
24) Berufe
25) Holz
26) a) Arbeit im Wald, b) Arbeit in der Lehmgrube,
c) Arbeit am Teich, d) Arbeit auf dem Bauplatz
27) a) Hund - Wächter, b) Schwein - Schlachten,
c) Schaf - Wolle, d) Rinder - Zugtier
e) Kühe - Milch
28) Vorratshütten, Tongefäße
29) Hünengräber
30) Hockergräber

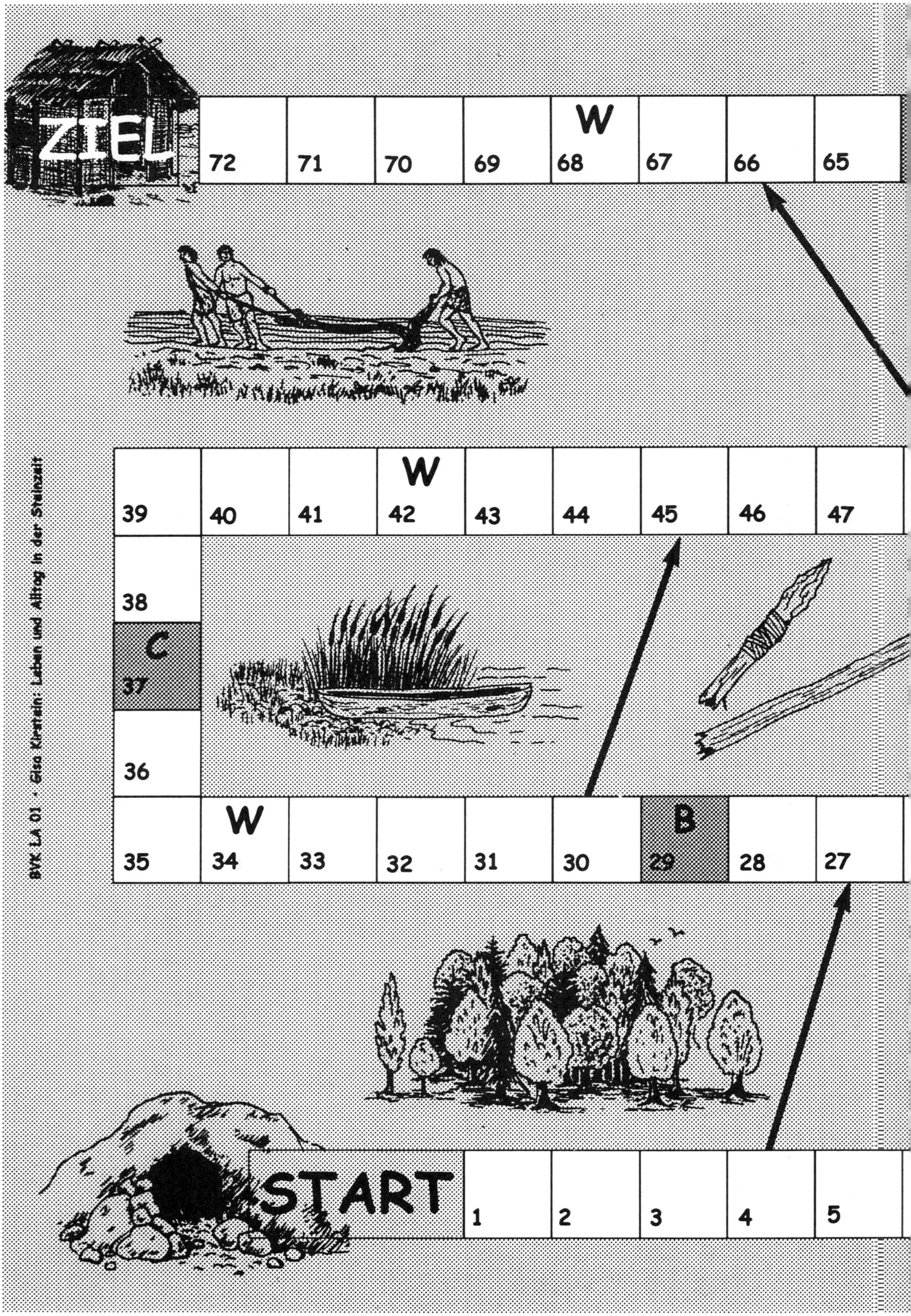
ZIEL
72
71
70
69
W
68
67
66
65
39
40
41
W
42
43
44
45
46
47
38
C
37
36
35
W
34
33
32
31
30
B
29
28
27
START
1
2
3
4
5

49	D 50	51	52	E 53	54

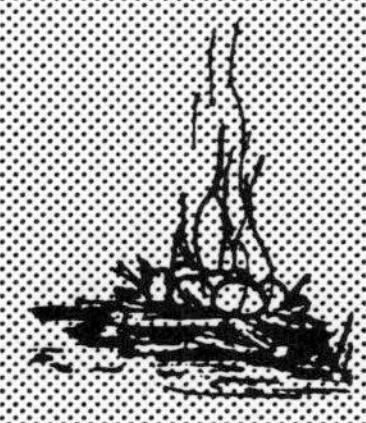

Das Steinzeit-Spiel

25	24	W 23	22	21	A 20	19	18

17

16

15

7	W 8	9	10	11	12	13	14

Wie die Menschen Feuer machten

INFO:
Feuer galt als etwas Erschreckendes und Unkontrollierbares. Die Menschen kannten seine Zerstörungskraft von Vulkanausbrüchen, Blitzschlag, Wald- und Steppenbränden.
Die Steinzeitmenschen erkannten schnell den Nutzen des Feuers. Sie benötigten es um den Wohnbereich zu beleuchten und sich in den kühlen Nächten daran zu wärmen. Die Frauen nutzten das Feuer zum Kochen und Braten. Mit der Zeit bemerkten sie, dass das Fleisch haltbar wurde, wenn sie es in Stücken über dem Rauch trockneten. So konnten sie Vorräte anlegen. Außerdem bot das Feuer Schutz vor wilden Tieren. Aber auch zum Jagen benutzte man das Feuer. Die Flammen konnten außerdem Holzlanzen härten und somit die Waffen verbessern.

Ein Stab aus hartem Holz wird auf ein flaches, weiches Holzstück gesetzt. Zwischen den Handflächen dreht man den Holzstab. Glüht das Bohrmehl, so gibt man behutsam trockenes Moos hinzu und quirlt bis es glimmt. Durch Pusten entsteht eine Flamme, die durch trockenes Gras entzündet werden kann.

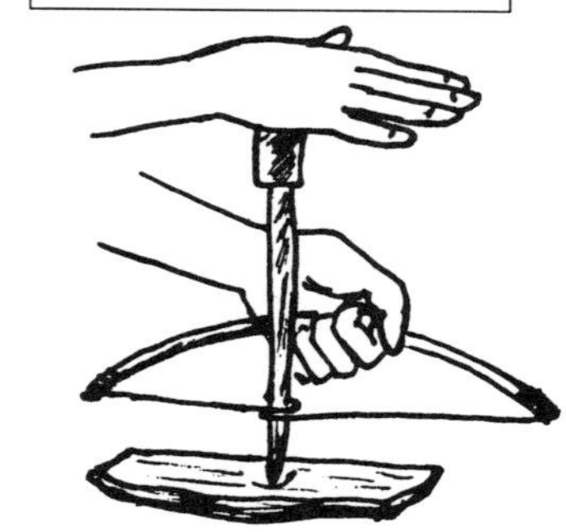

Der harte Holzstab wird mit einer Bogensehne angetrieben.

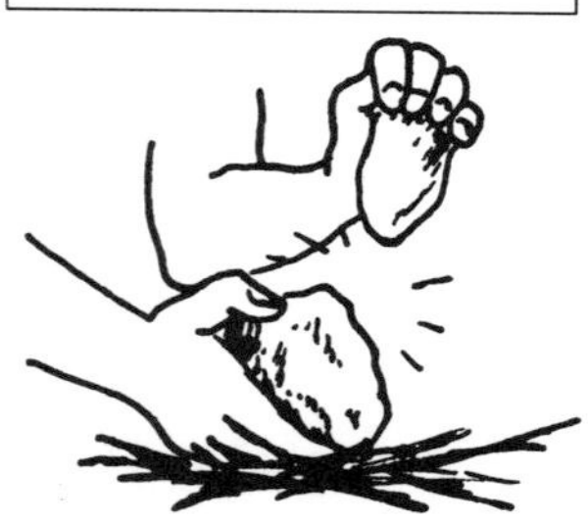

Zunder, ein sehr trockener Baumpilz oder Moos wird durch Funken, die beim Schlagen eines harten Gesteins (z. B. Feuerstein) auf ein Stück Eisenerz (z. B. Pyrit) entstehen, zum Glühen gebracht. Der Feuerstein reißt kleinere Stücke aus dem Eisenerz, die sich durch Druck entzünden.

AUFGABEN:
1) Schreibe über die Bilder die Begriffe „Feuerquirl", „Schlagfeuerzeug" und „Bogenfeuerbohrer".
2) Welche Methoden der Feuererstellung kennt ihr noch?
3) Warum war das Feuer für die Steinzeitmenschen so wichtig?

Höhlenmalerei

INFO:
Tief in den europäischen Höhlen der Steinzeitmenschen hat man Bilder an den Wänden entdeckt. Es handelt sich dabei häufig um Tierdarstellungen; Tiere, die weglaufen, weiden oder getötet werden. Oftmals sind diese Bilder in den Farben von dunklem Braun bis zum hellen Rot dargestellt. Als Farben benutzten die Steinzeitmenschen Erdfarben wie Ocker, Rötel und Mangan und mischten diese mit Tierfett. Die Pinsel stellten die Künstler der Steinzeit aus Tierhaaren und Röhrenknochen her.
Man vermutet, dass es sich bei den Tierdarstellungen um Jagdszenen handelt, da oftmals Tierfallen oder Jäger mit Waffen zu erkennen sind und Tiere gemalt wurden, die für die Ernährung wichtig waren (Pferde, Hirsche, Rinder ...). Vermutlich sollten die Darstellungen bei der Jagd Erfolg bringen und die Jäger auf die bevorstehende Jagd einstimmen. Vorwiegend findet man diese Bilder im hinteren Bereich der Höhlen, vielleicht galten diese Höhlenräume als heilig.
Von den Ureinwohnern Amerikas und Australiens hatte jede Sippe ein eigenes Zeichen, ein Totem. Besonders häufig kommen Pflanzen oder Tiere als Totem vor. Vielleicht sind auch einige Höhlenbilder Europas Totemtiere. Die Wahrheit bleibt für uns verborgen.

AUFGABE:
Zeichne in den Kasten ein mögliches Wandbild einer Höhle. Der Text kann dir helfen.

BVK LA 01 · Gisa Kirstein: Leben und Alltag in der Steinzeit

Mittlere Steinzeit und Jungsteinzeit im Vergleich

AUFGABE:

Betrachte die beiden Bilder. Vergleiche Tätigkeiten, Arbeitsgeräte, Nahrungsbeschaffung, Aufgabenbereiche von Mann und Frau, ...
Du bist ein Forscher der Steinzeit und sollst die Neuerungen, Veränderungen und die verbesserten Lebensumstände der Jungsteinzeit auf einem Kongress vorstellen. Dein Vortrag „Verbesserung des Lebensgefühls" soll nicht länger als 5 Minuten dauern. Bereite eine Redeskizze vor, belege deine Argumente durch ausgewählte Beispiele. Trage deinen Vortrag dem Publikum vor (denke dir eine passende Einleitung und einen zusammenfassenden Schluss aus).

Hausbau in der Jungsteinzeit

INFO:

In der Jungsteinzeit ließen sich die Menschen an einem Ort nieder, sie wurden sesshaft. Sie suchten einen geeigneten Ort, an dem sie leben und wohnen konnten. Dafür errichteten sie einen stabilen Wohnbereich, das Haus. Zum Hausbau nutzten sie Materialien, die sie in der Natur fanden. Im **Wald** fällten sie Bäume und schlugen die Äste und Zweige ab. Auf dem **Bauplatz** scharrten sie an den geplanten Ecken und Rändern des Hauses tiefe Pfostenlöcher, anschließend richteten die Männer die Stämme auf, die sie zuvor unten zugespitzt und angekohlt hatten, und trieben sie in den Boden. Obenauf befestigte man das Rahmenholz. Die Dachbalken wurden aus schwächeren Stämmen geschlagen und mit tiefen Kerben versehen. So saßen sie steil und sicher auf dem Rahmen und fügten sich zu einem Giebeldach.
Binsen und Schilf wurde am **Teichrand** geschnitten und zu Bündeln geschichtet und gebunden. Männer deckten damit schichtweise das Dach. Dieses Reetdach musste steil und dicht sein, damit das Wasser ablief und der Schnee rutschte. Außerdem sollte die Decke warm sein, um die Kälte im Winter aus dem Haus zu halten.
Jetzt wurden die Wände gewunden. Die Frauen steckten biegsame Stöcke aus Haselholz zwischen die Wandpfosten in den Boden und klemmten sie oben in das Rahmenholz, immer einen dicht neben den anderen. Waagerecht wanden sie dann fingerdicke Weidenruten zwischen die Rippen.
Aus der **Lehmgrube** wurde längs der Wände der Lehm entnommen, der mit Spreu, Häcksel und Wasser gemischt zu einem Brei, dem Strohlehm, wurde. Durch das Mischen verhinderte man eine Rissbildung nach dem Trocknen. Mit diesem Brei beschmierte man dann das Flechtwerk der Wände.

1 Arbeit im Wald =

2 Arbeit am Teichrand =

3 Arbeit in der Lehmgrube =

4 Arbeit auf dem Bauplatz =

AUFGABEN:

1) Markiere die freien Felder im Bild mit den entsprechenden Nummern.
2) Notiere hinter die vier Arbeitsbereiche die Materialien, die man an diesem Ort findet.

Häuser damals und heute

INFO:
Die Häuser der Jungsteinzeit waren ca. 5 - 6 Meter breit und 10 bis 40 Meter lang. Dieses Bauernhaus besaß im Inneren eine Dreiteilung. Hinten war der Stall für die Tiere, in der Mitte befanden sich Küche, Schlafplätze, Feuerstelle usw. und im Eingangsbereich fand man Vorräte, Heu und Brennstoffe.

Untersuchungspunkte	Jungsteinzeit	Heute
Baumaterial		
Größe des Hauses		
Anzahl der Räume		
Nutzung der Räume		
Schutz vor Kälte durch ...		
Schutz vor Blitz durch ...		
Licht im Haus durch ...		

Aufgabe:
Vergleiche das Haus der Jungsteinzeit mit einem Haus heute. Schreibe deine Ergebnisse in die Tabelle.

BVK LA 01 · Gisa Kirstein: Leben und Alltag in der Steinzeit

Die Menschen bearbeiten die Felder

Die Menschen der Jungsteinzeit hatten ausreichend Nahrung, so dass sie den Überschuss als Vorrat lagerten. Dazu gruben sie mit Holzspaten Erdlöcher und legten die Körner dort hinein. Später merkten die Menschen, dass weggeschüttete Körner Keime trugen und aus ihnen neues Getreide wuchs. Sie legten Äcker an und säten nun das Getreide. Schon bald lernten sie, die Getreidemenge zu vermehren, indem sie den Boden vor der Aussaat mit einem Pflug lockerten. Zunächst bearbeiteten sie den Boden mit einem Grabstock, der nur unter großer körperlicher Anstrengung ein gleichmäßiges Auflockern des Bodens brachte. Man merkte schnell, dass das Bearbeiten viel Zeit kostete und dass man dabei nur kleine Felder für den Anbau vorbereiten konnte. So banden sie einen Riemen an das lange Ende des Grabstocks und die Frauen zogen ihn wie einen Pflug hinter sich her, während der Mann den Grabstock in den Boden drückte. Doch auch diese Methode war mühselig. Aber wie sollte man den Vorgang verbessern? Vermutlich gewöhnten sich allmählich die Tiere an die Menschen, wahrscheinlich wurden sie mit Speiseabfällen gefüttert und blieben so in ihrer Umgebung. Bald fingen die Menschen sie ein und zähmten sie. Der kräftige Auerochse, ein Vorfahre unseres Hausrindes, wurde nun vor den Pflug gespannt. So schafften es weniger Menschen in kürzerer Zeit mehr Flächen zu bearbeiten.

AUFGABEN:

1) Erkläre die Notwendigkeit des Pfluges in der Steinzeit.
2) Beschreibe die Entwicklung vom Grabstock zum Pflug anhand der Bilder.
3) Informiere dich über die verschiedenen Pflugarten und nenne Vor- und Nachteile des Grabstocks, des Hakenpflugs und des Mehrscharpflugs.

Getreideernte in der Jungsteinzeit

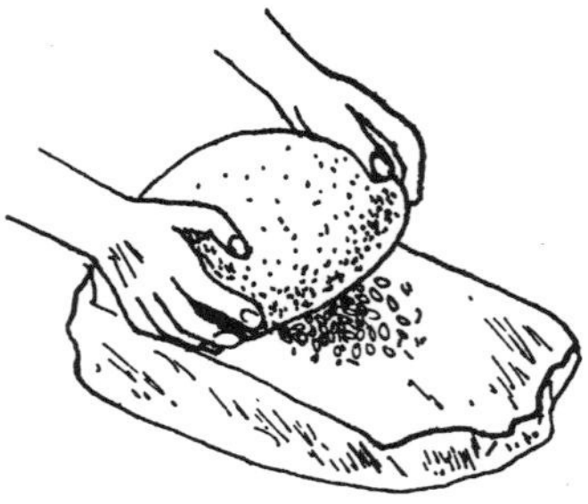

Das Getreide wurde auf freien Flächen, die zunächst mit dem Pflug bearbeitet wurden, angebaut. Zu den Früchten zählten Leinsamen, Erbsen, Hirse, Hafer, Gerste und wilder Weizen. Die Sommer waren wärmer und es regnete mehr, dadurch waren die äußeren Umstände für den Getreideanbau gegeben. Das Korn wurde im Herbst von den Frauen mit einer Sichel geerntet. Mit diesem Erntemesser, das aus Holz mit eingesetzten Feuersteinklingen bestand, schnitt man die Halme dicht unter den Ähren ab. Dann schlug man mit einem Stock das Korn heraus (Dreschen des Korns). Anschließend säuberte (= worfelte) man die Körner. Zunächst streuten die Frauen die kraftbringenden Körner auf das Fleisch. Doch schon bald stellten sie fest, dass die Körner viel bekömmlicher wurden, wenn man sie weiterverarbeitete. So rieben die Frauen auf einem Reibstein das Getreide zu Schrot und ließen es anschließend in Wasser quellen. Dann kochten sie davon einen Brei oder formten flache Teigstücke, die sie auf heißen Steinen rösteten.

AUFGABEN:

1) Nummeriere die Bilder der Reihenfolge entsprechend.
2) Informiere dich bei einem Landwirt über die heutige Getreideernte. (Wie wird das Korn geschnitten? Wo wird es gelagert? Was geschieht mit dem Korn weiter? Welche Produkte werden daraus hergestellt? ...) Vielleicht kannst du auch Fotos machen und sie in deine Mappe einkleben!
3) Untersuche deinen Frühstückstisch. In welchen Nahrungsmitteln ist Getreide enthalten?

Die Menschen der Jungsteinzeit züchten Vieh

Neben dem Ackerbau lernten die Menschen nun auch Schafe, Ziegen, Rinder und Schweine zu zähmen und zu züchten. Möglicherweise fraßen anfangs die Wildschweine der Umgebung die Speiseabfälle der Menschen. Das könnte ein Grund dafür gewesen sein, dass sie immer häufiger an die Häuser der Menschen herankamen. Die Tiere brauchten sich nicht im Wald nach Nahrung umzusehen und gewöhnten sich allmählich an die Menschen bis sie schließlich bei ihnen blieben. So wurden aus den Wildtieren allmählich Haustiere. Die Menschen waren nun nicht mehr auf die Jagd angewiesen. Sie hatten jetzt immer Fleisch, Milch und Felle direkt vor der Haustür.

Aus den Jägern und Sammlern waren Bauern und Hirten geworden. Die einzelnen Aufgaben wurden nun zwischen den Männern und Frauen aufgeteilt. Das Pflanzen, Säen und der Haushalt war Frauenarbeit, die Versorgung des Viehs und die Bearbeitung des Ackers war Männerarbeit.

AUFGABEN:

1) Erkläre die Vorteile der beginnenden Viehzucht.
2) Welche Tiere züchten die Bauern heute?

Die Ernährung ist gesichert

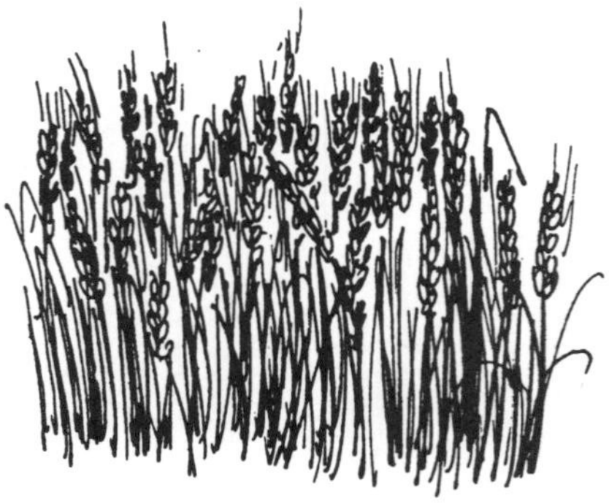

Im 8. Jahrtausend v. Chr. konnte sich auf einer Fläche von einem km^2 nur ein Mensch vom Jagen und Sammeln ernähren. Alleine von der Viehzucht konnten auf gleicher Fläche sieben Menschen leben. Durch den Getreideanbau konnte man auf gleicher Fläche mindestens 20 Menschen ernähren.
Durch Ackerbau und Viehzucht war die Ernährung gesichert, man musste nicht mehr Hunger leiden. Für die Winterzeit legte man Vorräte an, die im Haus gelagert wurden. Für die Lagerung stellte man Gefäße aus Ton her. Manchmal errichteten die Menschen extra Vorratshütten zur Lagerung von Tierfutter.
Die neue Nahrungsgrundlage änderte auch die Essgewohnheiten. Feste Mahlzeiten entstanden und das zu Brei oder Teig verarbeitete Mehl wurde aus Tonschalen gegessen.
Der Getreideanbau, die Viehzucht und die Vorratshaltung ließ die Sterberate im Winter erheblich sinken.

AUFGABEN:

1) Zeichne die genaue Anzahl der Personen (Strichmännchen) in die drei Bilder.
Lies vorher den Text!
2) Warum konnten die Menschen jetzt an einem Ort leben?
3) Was machten die Menschen mit den Getreideüberschüssen?
4) Was geschieht heute mit den Anbauüberschüssen? (Werden sie gelagert? Werden sie an arme Länder verschenkt?)
5) Suche im Atlas Länder heraus, in denen die Menschen oft Hunger leiden!

Das moderne Beil der Jungsteinzeit

Durch die veränderte Lebensweise der Menschen vom Jäger und Sammler in der Altsteinzeit zum Bauern in der Jungsteinzeit wurde andersartiges Werkzeug notwendig. Weiterhin benutzte der Steinzeitmensch die Steinschlagtechnik, neu war lediglich die Überarbeitung: das Schleifen.

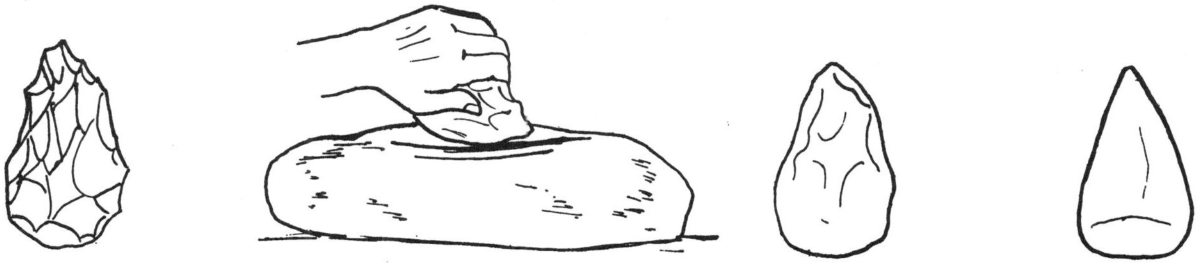

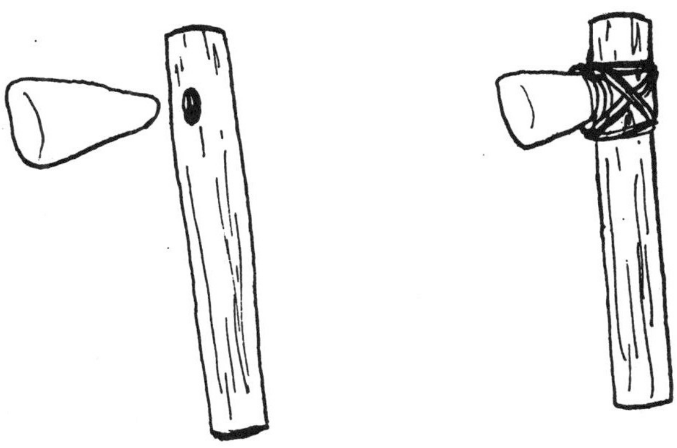

Das Beil, das zum Fällen der Bäume, zum Entasten usw. benutzt wurde, wurde nun verbessert. Zunächst stellte man einen Faustkeil her, den man anschließend auf einem harten Felsblock, der leicht angefeuchtet wurde, rieb. Durch das Reiben auf dem Felsen wurden die Grate stumpf und bekamen eine runde Form. Am Ende hatte man ein glattes Beil durch mühseliges Schleifen hergestellt. Das Werkzeug wurde durch diese Bearbeitung widerstandsfähiger und nutzte weniger schnell ab.
Nun wurde das schmale Stück des Beiles (= Nacken) in einen Holzstiel eingelassen. Dabei wurde die Schneide des Beiles längs zum Stiel ausgerichtet. Durch eine Schnur oder durch Harz wurde die Schäftung verstärkt.

AUFGABEN:
1) Beschreibe den Vorgang des Schleifens.
2) Nenne Vorteile des geschliffenen Beils.
3) Wie schleifen wir heute Gegenstände?

BVK LA 01 · Gisa Kirstein: Leben und Alltag in der Steinzeit

Der Steinzeitbohrer wird erfunden

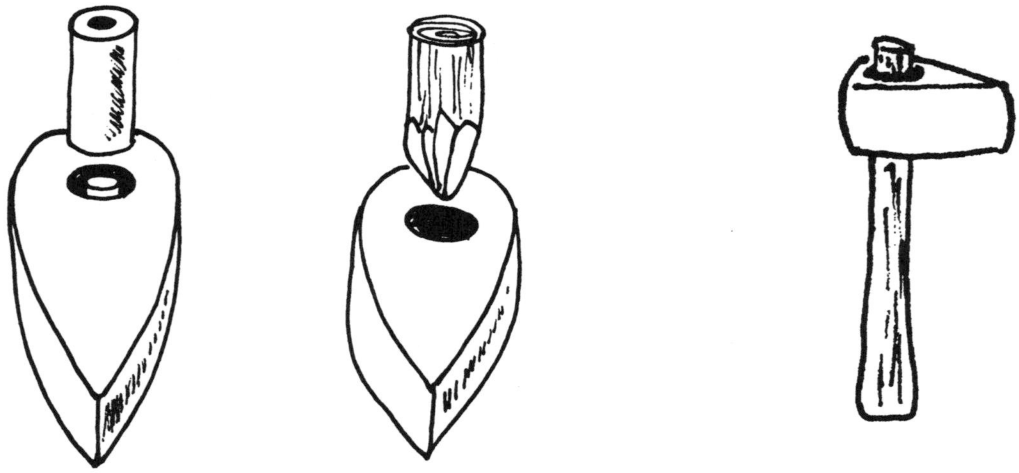

Vermutlich war die Erfindung des Bohrers zufällig. Zunächst wurden zwei Pfosten in die Erde geschlagen. Waagerecht band man einen Hebelarm zum Drücken daran. Dann legte man ein geschliffenes Beil auf den Boden und keilte es fest. Nun befestigte man den Bohrstab und legte um ihn die Sehne eines Bogens. Durch Ziehen, Sägen und Drehen bewegte sich der Bohrstab hin und her. Ab und zu wurde das Beil mit nassem Sand bestreut. Allmählich scheuerte sich ein kleines Loch in den Stein. Es konnte bestimmt 100 Stunden dauern bis ein glattes, kreisrundes Loch durch einen 4 cm dicken Stein gebohrt worden war.
Bald wurde auch dieses Verfahren zeitlich verkürzt. Statt eines Rundholzes benutzte man einen Röhrenknochen als Bohrstab. Man konnte nun in etwa 65 bis 70 Stunden einen 4 cm dicken Stein durchbohren. Bei dieser „Ringbohrung" blieb das innere Bohrstück unberührt und der Knochen scheuerte sich wie ein Ring in den Stein ein. Nun bestrich man einen Holzstiel am Ende mit Pech und schob ihn in das Loch. Die Klinge war dadurch fester mit dem Stiel verbunden als bei der Befestigung durch Schnüre.

AUFGABEN:
1) Erkläre den Steinzeitbohrer!
2) Welche Vorteile hat die Bohrtechnik?
3) Welche Werkzeuge werden auch heute noch durch die Bohrtechnik befestigt?

Die Menschen entdecken die Webkunst

Durch die Tierzucht und den Anbau von Pflanzen hatten die Menschen jetzt die Möglichkeit auch ihre Kleidung zu verbessern. Sie stellten leichtere, bequemere und haltbare Kleidung her.

Die Frauen nutzten die Wolle der Schafe und die Fasern der Flachspflanze um Fäden daraus zu spinnen. Geschickt zupften sie die Strähnen aus dem Knäuel. Ein rundes, spitzes Stäbchen hing unten am Faden, der Spinnwirtel. Wenn man den Wirtel drehte, so zwirnte er den Faden und gab ihm Festigkeit.

Nun begann die Arbeit am Webstuhl. Den Faden wickelten sie um ein Webschiffchen. Mit dem Schiffchen zogen sie den Faden durch die gespannten Fäden des Webstuhls. Dabei musste immer ein Faden vor und ein Faden hinter dem Durchzug liegen. Immer wieder führten sie das Schiffchen hin und her. Manchmal strichen sie den Querfaden mit einem Holzfaden fest. Nach und nach wurde das Band immer länger. Nun wurde das Wollstück losgeknotet und die Fäden am Ende und am Anfang festgenestelt. Jetzt nähten sie die Enden zusammen.

AUFGABEN:

1) Erkläre den Vorgang des Webens.
2) Welche Materialien wurden benötigt?
3) Aus welchen Stoffen setzt sich deine Kleidung zusammen?
4) Wie und wo werden heute deine Jeans und dein T-Shirt gefertigt?

Moderne Kunst: Töpfern

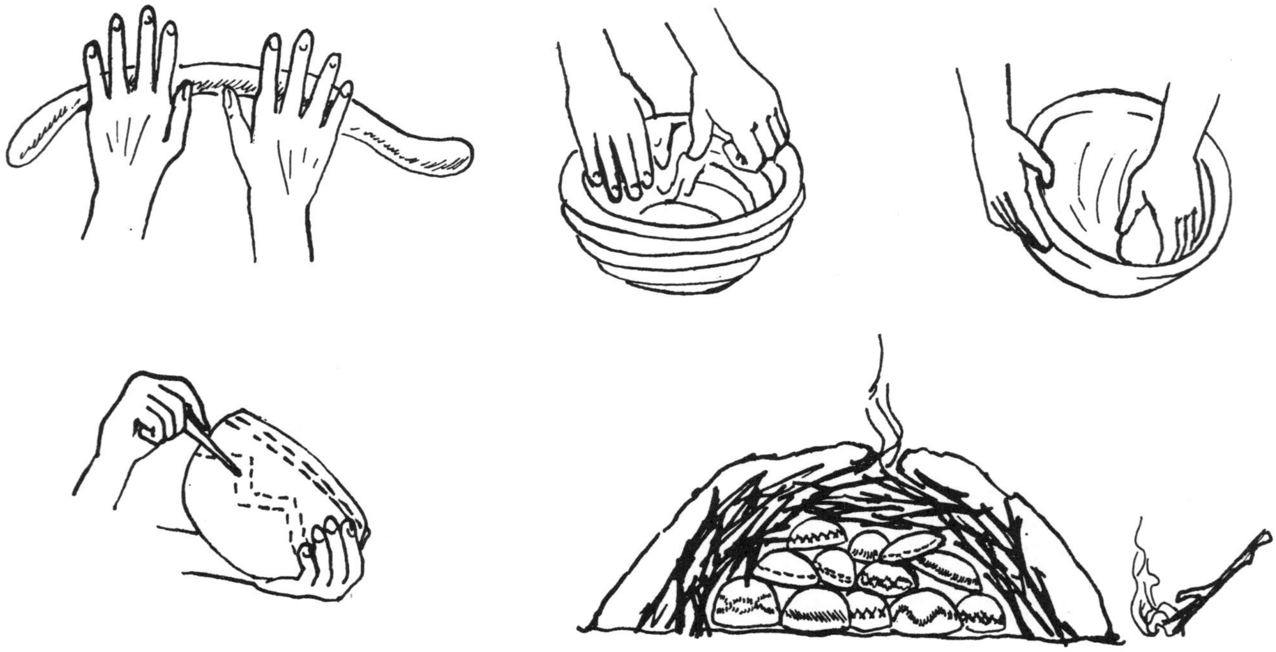

Das Töpfern ist eine nützliche Erfindung der Jungsteinzeit. Die Menschen benötigten dringend Gefäße um Wasser zu transportieren, Körner aufzubewahren, Suppen zu kochen, Milch zu trinken ... . Zuvor hatten sie Beutel und Schläuche aus Tierhäuten und Tierdärmen dazu benutzt. Diese konnten sie allerdings nicht auf das Feuer stellen, ohne dass sie durch die Hitze zerplatzten. Mit der Zeit bemerkten die Menschen, dass Lehm und Ton im Feuer hart werden.
Sie nahmen Ton und rollten daraus einen Wulst. Dann wurde der Wulst spiralförmig aufgerollt und zusammengedrückt bis ein Topf oder ein Gefäß geformt war. Nun musste man die Oberfläche mit einem Spachtel glätten. Je nach Geschmack konnte man die feuchte Außenfläche mit Motiven verzieren. Dazu nahm man Muscheln, Kämme, Stichel ... . Das Trocknen alleine reichte nicht aus um die Gefäße haltbar zu machen. Das Material musste gebrannt werden. Dazu benötigte man einen Ofen oder eine Dörrgrube, die ähnlich funktionierte. Um die Tonwaren legte man Zweige und Lehm, darüber kam eine Deckschicht aus Stroh, Holz und trockenem Gras. Nun wurde die Deckschicht angezündet und die Gefäße brannten langsam ohne Luftzufuhr. Die Gefäße benutzte man nun auch um sie bei vorbeikommenden Händlern gegen andere Waren einzutauschen.

AUFGABEN:

1) Beschreibe die Notwendigkeit des Töpferns.
2) Du willst einen Keramiktopf herstellen. Liste die einzelnen Schritte wie in einem Rezeptbuch auf: 1. Man nehme einen Klumpen Ton ... .

BVK LA 01 · Gisa Kirstein: Leben und Alltag in der Steinzeit

Die ersten Tauschgeschäfte finden statt

Die Menschen erledigten nur noch die Aufgaben, die sie besonders gut konnten. Sie richteten also ihre Fähigkeiten auf ihr Können aus. Sie spezialisierten sich und lernten dabei ihren „Beruf" und die erforderlichen Handgriffe zu optimieren. So stellte nur eine kleine Gruppe von Männern das geschliffene Beil her. Dabei fertigte einer die Steinbohrung an, ein anderer baute den Stiel usw. Dadurch wurden die einzelnen Handgriffe immer geübter und die Herstellung immer schneller. Es entstand die Arbeitsteilung.

Mit der Zeit reisten Händler durch das Land, die verschiedene Waren eintauschen wollten.

Es gab kein Zahlungsmittel wie heute das Geld, dafür machten sie Tauschgeschäfte. So konnte ein Händler Salz, Nüsse, Felle und Wolle gegen Tonwaren, Eier, Tiere ... eintauschen. Da sie an verschiedene Orte kamen, wussten sie über das Angebot, die Nachfrage und die Qualität einzelner Produkte gut Bescheid. Vermutlich haben sie auf ihrer Reise den Leuten verschiedene Aufträge erteilt und nach deren Bedürfnissen gefragt.

AUFGABE:

Du bist ein reisender Händler und möchtest deine Ware bei den Bauern eintauschen.
Erledige eine der folgenden Aufgaben:

a) Male ein Bild zu der Szene und füge Sprechblasen hinzu!

b) Schreibe ein Tauschgespräch zwischen Händler und Bauer!

c) Male ein Bild zu einem Tauschgeschäft heute!

BVK LA 01 · Gisa Kirstein: Leben und Alltag in der Steinzeit

Der Bau eines Hünengrabes

INFO:
In Norddeutschland fand man Großsteingräber aus der Jungsteinzeit. Die Steine haben ein Gewicht von durchschnittlich 10 Tonnen, einzelne wiegen sogar bis zu 30 Tonnen. Diese großen Steinblöcke sind Rückstände aus der letzten Eiszeit, man nennt sie Findlinge.
Die mit den Findlingen erstellten Gräber konnten 6 bis 10 Meter lang, 2 Meter hoch und breit sein. Oftmals wurden sie mit Erde bedeckt, nur der Eingang blieb frei. Man glaubt, dass an dem Bau ca. 100 Männer über einen Zeitraum von 3,5 Monaten bei täglich 10 Stunden arbeiteten. Im Inneren der Hünengräber fand man Steinpflaster auf dem Boden. Aufrechte Steinplatten unterteilten die Grabkammern in mehrere Abteilungen.
Im Mittelalter vermutete man, dass Riesen (= Hünen) diesen Bau erstellt haben mussten. Daher stammt der Name Hünengrab.

1

2

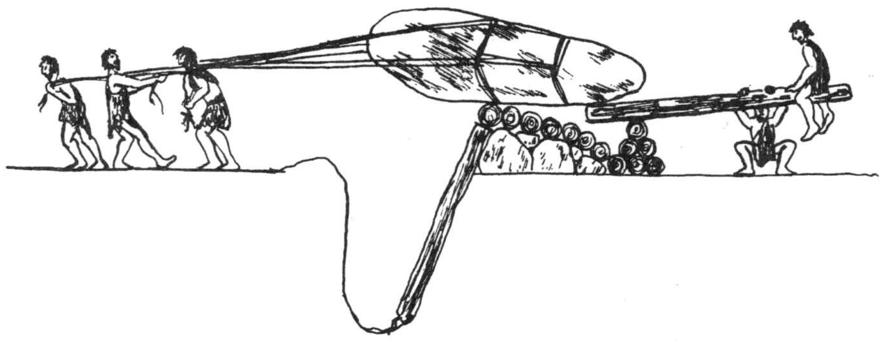

3

4

AUFGABE:
Erkläre anhand der Bilder den Bau eines Hünengrabes.

BVK LA 01 · Gisa Kirstein: Leben und Alltag in der Steinzeit

Bestattung in einem Hünengrab

INFO:
Nur selten wurden die Menschen 50 - 60 Jahre alt. Meistens starben sie bereits mit 20 - 30 Jahren.
Der Tod eines Menschen war auch damals für die Gruppe ein schwerer Verlust. Er hatte mit in ihrer Sippe gelebt, er hatte für das Feuer gesorgt, bei der Jagd geholfen, Waffen hergestellt und mit ihnen gute und schlechte Zeiten erlebt.
Bereits damals hatten die Menschen Vorstellungen was nach dem Tod mit dem Verstorbenen geschieht. Tongefäße, Steinbeile, Messer aus Feuerstein, Nahrung, Blumen und auch Schmuck legte man dem Toten mit ins Grab. Entweder sollte niemand die persönlichen Gegenstände nutzen dürfen oder aber die Toten sollten die Gegenstände im Jenseits vorfinden und dort weiterleben. Anscheinend dachten die Steinzeitmenschen, dass das Totenreich ähnlich aussehen müsse wie das Leben auf der Erde.
Nach dem Tod wurde über die Leichen Ocker gestreut, um ihnen die Hautfarbe der Lebenden zu geben.

AUFGABEN:
1) Warum starben die Menschen bereits so früh?
2) Was legte man den Verstorbenen mit ins Grab?
3) Welche Vorstellung hatte man damals vom Totenreich?
4) Sicherlich hast auch du Vorstellungen vom Leben nach dem Tod.
   Male dein „Paradies" in das freie Feld.
5) Wie bestatten wir heute die Toten?

Bestattung in einem Hockergrab

INFO:
Es gab verschiedene Arten der Bestattung. So fand man Gräber mit Toten, die angezogene Beine hatten, auf dem Rücken lagen, in Sitzposition oder auf dem Bauch lagen.

Die Hockstellung wird unterschiedlich gedeutet. Einerseits vermutet man eine Art Schlafstellung. Andererseits geht man davon aus, dass den Toten nach ihrem Ableben die Füße mit einem Seil an den Leib geschnürt wurden. Durch diese Fesselung war es für sie unmöglich in das Reich der Lebenden zurückzukehren. Die Hinterbliebenen fürchteten sich vor einer Rückkehr eines Verstorbenen.
Die Beisetzung wurde oft in Spalten von Hängen durchgeführt, die anschließend verschlossen wurden. Wahrscheinlich schwärzten sich die Menschen am Grab das Gesicht und kehrten dann schweigend zur Sippe zurück, um vom Toten unerkannt zu sein. Man hatte Angst davor, dass der Verstorbene sich in die Gruppe einschleichen könne und Unglück über sie verbreite.

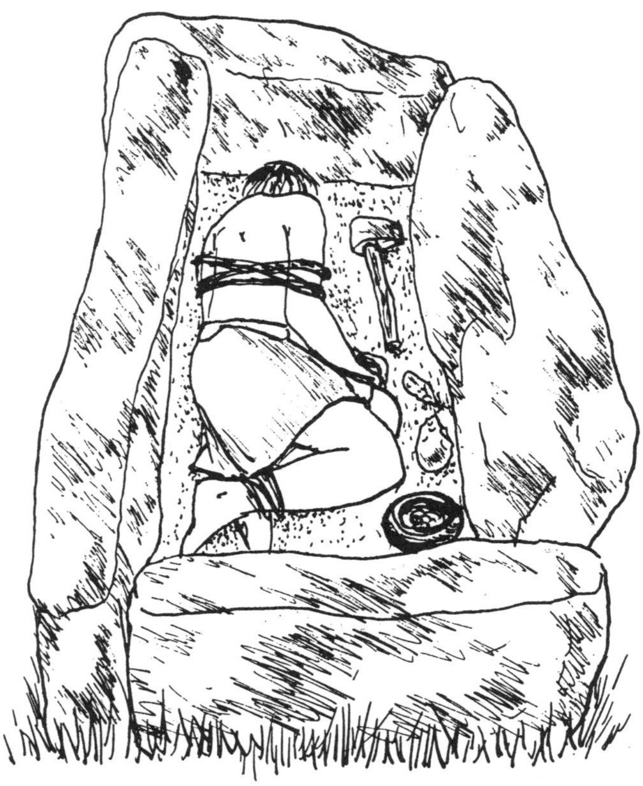

AUFGABEN:
1) Erkläre den Begriff „Hockergrab".
2) Nenne Ängste der Sippe nach dem Tod eines Mitgliedes und ihr Verhalten.

Auch heute leben Menschen wie in der Steinzeit

Auch heute leben Menschen noch vom Jagen und Sammeln. Diese Naturvölker bewohnen abgelegene Gebiete wie den Regenwald am Äquator, einsame Inseln, unzugängliche Gebirge oder Randgebiete großer Wüsten. Wir könnten in den Regionen nicht überleben. Aber diese Menschen haben sich über Jahrtausende auf das Klima, die Tier- und Pflanzenwelt eingestellt. So sammeln die Xingu-Indianer in Brasilien, die Aborigines in Australien, die Pygmäen in Zentralafrika und auch die Eskimos (= Inuit) auf Grönland Pflanzen gegen Krankheiten, verfolgen Spuren der Tiere und sagen durch Beobachten des Himmels das kommende Wetter voraus.
Die Zahl der Naturvölker nimmt immer mehr ab, weil die hochtechnologisierten Länder sich in diese unberührte Natur hineindrängen, die vorhandenen Bodenschätze ausbeuten, die wertvollen Tropenhölzer fällen, Plantagen und Farmen anlegen, Verkehrswege bauen ... und somit die Lebensgrundlage der Einwohner verändern und zerstören. Die Naturvölker kommen mit neuen Dingen in Kontakt, wie technische Geräte oder Kleidung, aber auch tödliche Gefahren lauern auf sie. Für sie sind Krankheiten wie Masern oder Grippe sehr gefährlich, da sie keine Abwehrkräfte dagegen im Körper haben.

AUFGABEN:

1) Markiere die Länder der oben genannten Naturvölker in der Weltkarte!
2) Erstellt eine Wandzeitung über das Leben der Naturvölker, verfasst übersichtliche Texte, klebt Bilder und nützliche Informationen auf! Dazu könnt ihr in Gruppen arbeiten. Informiert euch über die vier im Text genannten Naturvölker und untersucht folgende Punkte: Ernährung, Wohnung, Kleidung, Tagesablauf, Arbeiten von Mann und Frau, Klima ... . Stellt Vergleiche zum Leben der Steinzeitmenschen her.
3) Beurteilt das Leben der Naturvölker in einem Vortrag!

Steinzeit-Projekte

In diesem Heft habt ihr viel über das Leben der Steinzeitmenschen erfahren. Euer Wissen könnt ihr durch verschiedene Projekte präsentieren!

„Wir bauen ein Steinzeitmuseum":

Ihr könnt eine Wandzeitung und/oder eine eigene Ausstellung erstellen. Dazu könnt ihr eigene Ausstellungsstücke herstellen: • Steinzeitwohnungen / • Werkzeuge / • Waffen usw. Ihr könnt auch Höhlenmalereien auf Tapete zeichnen, einen Webstuhl der Steinzeit nachbauen (dazu benötigt ihr zwei Stöcke mit Astgabeln, vier Stöcke als Querstange, Garn, Steine zum Spannen der Fäden) oder Tonwaren aus Ton oder kalthärtender Knetmasse anfertigen ... . Ihr solltet die Ausstellungsstücke mit erklärenden Tafeln versehen.
Ladet andere Klassen oder auch eure Eltern zu einer Führung ein!

„Essen wie in der Steinzeit – wir backen ein Steinzeitbrot":

Für ein Steinzeitbrot benötigt ihr:
- 1 kg trockene Getreidekörner
- einen großen, flachen Stein
- einen großen runden Mahlstein

Die Körner mahlen und den Schrot über Nacht in Wasser einlegen, am nächsten Tag das überflüssige Wasser abgießen, aus dem Getreidebrei runde Fladen formen und bei 250° 25 Minuten backen.

„Wir besuchen ein Steinzeitmuseum":

Unter der Internetadresse „www.WebMuseen.de" findet ihr über 60 Museen in Deutschland zum Thema Steinzeit. Die jeweiligen homepages bieten Informationen zu Workshops, Eintrittspreisen, Öffnungszeiten ... . Wählt ein Museum in eurer Nähe aus und vereinbart einen Termin.

„Wir lesen einen Steinzeitroman":

Ihr könnt auch ein spannendes Buch über das Leben in der Steinzeit lesen. Hier eine kleine Auswahl:

Bauer, Insa:	Ferien in der Steinzeit, Bitter Ges. 1992
Heyne, Isolde:	Tanea, Tochter der Wölfin, Arena 1997
Hohler, Franz:	Tschipo in der Steinzeit, Ravensburger Buchverlag 2000
Kuhn, Wolfgang:	Mit Jeans in die Steinzeit, DTV 1996
Pedersen, Vidar:	Kleiner Fuchs, Sohn des Mondbaumvolkes, Aare 1996

BVK LA 01 • Gisa Kirstein: Leben und Alltag in der Steinzeit

Buchstabensuppe der Steinzeit

H	A	R	T	N	E	T	A	R	B
J	X	I	S	A	T	B	G	X	P
E	T	N	P	I	E	Z	L	I	F
G	G	T	E	K	A	E	L	T	E
R	I	R	E	R	R	Z	G	U	I
E	E	X	R	F	E	F	K	M	L
B	W	D	J	A	G	E	N	N	W
A	Z	F	E	L	L	U	B	E	E
N	H	A	E	L	H	E	O	H	R
G	O	U	R	G	A	R	G	C	K
N	L	S	W	R	U	H	E	O	Z
U	Z	T	I	U	T	K	N	N	E
D	T	K	L	B	C	E	I	K	U
I	S	E	D	E	N	N	E	Y	G
E	G	I	D	H	U	H	T	J	E
L	N	L	E	M	M	A	S	T	X
K	A	S	P	I	T	Z	E	M	Z

In der Steinzeitsuppe findest du 34 Wörter, die das Leben der Menschen aus der Altsteinzeit bis zur Jungsteinzeit schildern. Dabei sind sowohl Werkzeuge, Waffen, Tätigkeiten und auch Material, Versorgung und Empfindungen zu suchen. Die Begriffe können waagerecht, senkrecht und diagonal vorkommen und auch von rechts nach links zu lesen sein.
Notiere die gefundenen Begriffe! In dem Lückentext der nächsten Seite fehlen genau diese 34 Wörter. Findest du sie?

Bist du ein Steinzeit-Experte?

Hier fehlen Wörter, die du aus der „Buchstabensuppe" herausgefischt hast. Achte darauf, dass du sie richtig einsetzt – jeder Satz muss einen Sinn ergeben! Die Wörter passen genau in die freien Buchstabenfelder. ACHTUNG: ä = ae!

In der Altsteinzeit lebten die Menschen vom _ _ _ _ _ und _ _ _ _ _ _ _.
Die _ _ _ _ _ waren für die Nomaden sehr nützlich. Hier wohnten sie in einer _ _ _ _ _ _.
Ihr Leben war _ _ _ _ und _ _ _ _.
Das Leben in der Natur machte ihnen auch _ _ _ _ _.
Um wilde _ _ _ _ _ zu verjagen und sich vor der _ _ _ _ _ _ zu schützen, errichteten sie am Höhleneingang ein _ _ _ _ _ .
Sie suchten _ _ _ _ _ _, aus denen sie Waffen herstellten.
Zur Jagd benutzten sie auch einen _ _ _ _ _ , dessen _ _ _ _ _ _ aus Stein geformt war.
Aus _ _ _ _ fertigten sie _ _ _ _ _ und _ _ _ _ _. So gingen die Männer auf Großtierjagd. Manchmal, wenn sie Glück hatten, trafen sie auf eine _ _ _ _ _ -herde.
Das Fleisch wurde später von den Frauen zu einem saftigen _ _ _ _ _ _ zubereitet. Aber auch andere Teile des Tieres wurden verwendet. Aus dem _ _ _ _ stellten sie die _ _ _ _ _ _ _ _ _ her oder eine wärmende _ _ _ _ _. Aus der _ _ _ _ des Tieres machte man _ _ _ _ _ , das sie zu Schuhen umarbeiteten.
Die anderen Teile des Tieres (_ _ _ _ , _ _ _ _ _ und _ _ _ _) verarbeiteten die Steinzeitmenschen auch.
Neben dem Fleisch aß man aber auch die Früchte des Waldes, _ _ _ _ _ und _ _ _ _ _ _.
Aus Stein stellten die Menschen aber neben Waffen auch _ _ _ _ _ _ _ _ _ _ her.
Wichtigstes Arbeitsmittel war der _ _ _ _ _ _ _ _ _ _.
Zum Hausbau benötigte man später auch eine _ _ _. Mit ihr trennte man _ _ _ und _ _ _ _ _ von den Bäumen.
Die Menschen der Steinzeit lebten in und mit der Natur und hatten das, wonach wir uns alle sehnen, wenn wir dem Stadtlärm entfliehen und ins Grüne fahren: _ _ _ _!

Original und Fälschung

AUFGABE:
Im unteren Bild befinden sich 11 Fehler! Findest du sie? Kreise sie ein!

BVK LA 01 · Gisa Kirstein: Leben und Alltag in der Steinzeit

Lösungen

Wir forschen wie echte Archäologen:

Fundstück 1	Stein, spitz zulaufend, grober Abschlag	Bohrer, durch Schlagen des Steins auf Gegenstand erstellt, Löcher machen	in der Hand halten, Löcher durch Schnüre zusammennähen
Fundstück 2	Ton, glatt verziert	Im Ofen gebrannt, Tongefäß	Behälter zur Lagerung und Vorratshaltung
Fundstück 3	Geschliffenes Beil mit runder Öffnung	Auf Sand geschliffen, Beil durchbohrt	Zum Abschlagen von Ästen und Zweigen, Bäume fällen
Fundstück 4	Große Steine stehen und liegen	Von Menschen gezogen und aufgestellt, Hünengrab	Grabstätte (Glaube / Religion)

Die Steinzeitmenschen erfinden das Campen:

	Höhle	Laubhütte	Fellzelt
Vorteile	Das ganze Jahr über gleichbleibende Temperaturen, Schutz vor wilden Tieren, viel Platz	Schnell auf- und abzubauen	Schnell auf- und abzubauen, guter Windschutz, Material kann transportiert werden
Nachteile	Dunkel, schlechter Rauchabzug, Überflutungsgefahr, standortgebunden	Schlechter Schutz vor Kälte, Wind, Regen, wilden Tieren und Bodenfeuchte	Siehe Laubhütte, Felle sind schwer zu transportieren

Hausbau in der Jungsteinzeit:
A= Holzbeschaffung
B= Schilfbeschaffung
C= Lehmherstellung
D= Haus bauen

Buchstabensuppe der Steinzeit:
Begriffe siehe „Steinzeit-Experte"

Original und Fälschung:

Bist du ein Steinzeit-Experte?
Lösungsworte:
JAGEN - SAMMELN - BERGE - HOEHLE - HART - WILD - ANGST - TIERE - KAELTE - FEUER - STEINE - SPEER - SPITZE - HOLZ - PFEIL - BOGEN - BISON - BRATEN - FELL - KLEIDUNG - DECKE - HAUT - LEDER - ZAHN - SEHNE - FETT - PILZE - BEEREN - WERKZEUGE - FAUSTKEIL - AXT - AST - ZWEIG - RUHE

BVK LA 01 · Gisa Kirstein: Leben und Alltag in der Steinzeit